高中信息技术生态课堂实践探究

余 琼 著

全国百佳图书出版单位
吉林出版集团股份有限公司

图书在版编目（CIP）数据

高中信息技术生态课堂实践探究 / 余琼著. --长春：吉林出版集团股份有限公司，2024.2

ISBN 978-7-5731-4613-7

Ⅰ．①高... Ⅱ．①余... Ⅲ．①计算机课-教学研究-高中 Ⅳ．①G633.672

中国国家版本馆 CIP 数据核字（2024）第 026650 号

高中信息技术生态课堂实践探究

GAOZHONG XINXI JISHU SHENGTAI KETANG SHIJIAN TANJIU

著　　者：余　琼
责任编辑：沈丽娟
技术编辑：王会莲
封面设计：豫燕川
开　　本：787mm×1092mm　1/16
字　　数：176 千字
印　　张：9.5
版　　次：2024 年 2 月第 1 版
印　　次：2024 年 2 月第 1 次印刷
出　　版：吉林出版集团股份有限公司
发　　行：吉林出版集团外语教育有限公司
地　　址：长春市福祉大路 5788 号龙腾国际大厦 B 座 7 层
电　　话：总编办：0431－81629929
印　　刷：三河市金兆印刷装订有限公司

ISBN 978-7-5731-4613-7　　　　定价：56.00 元

版权所有　侵权必究　　　　举报电话：0431－81629929

前言

信息技术伴随着人类文明的进步不断更新，而技术的进步也有力地推动着人类社会快速发展。信息技术的发展历程也在一定程度上折射出人类文明的发展史。随着信息技术的不断发展和深入应用，其对社会的推动作用越来越明显，各行各业的信息化已经深刻地影响到人们的衣食住行。

知识经济社会需要高素质的创新型人才，人的信息素养的高低决定了其是否能够高效地获取、加工、处理、分析和应用新知识等。信息技术课程的开设为学生提供了最直接的提升信息素养的途径。因此，为了能够使学生的信息素养得到提高，有效的解决策略是针对传统的信息技术课堂从各个方面进行改革，从而使信息技术课堂变成师生关系融洽、并且呈现出生态化的特点。21世纪是生态学的世纪，生态学的发展慢慢地渗透到社会生活的各个领域，将生态学原理运用到教育领域，研究教育现象，为教育改革提供了全新的视角。

本书是高中信息技术方向的著作，主要研究信息技术生态课堂的实践应用，本书从高中信息技术课程内容介绍入手，针对高中信息技术教学实施与评价展开了论述；还对多维度视角下的高中信息技术教学、高中生态课堂建设的因素及高中信息技术生态课堂创新教学实践进行了研究。本书重视知识结构的系统性和先进性，论述严谨、结构合理、条理清晰、重点突出、通俗易懂、内容丰富新颖，具有前瞻性、科学性、系统性和指导性。

在撰写本书的过程中，作者查阅和借鉴了大量的相关资料，在此向其作者表示诚挚的感谢。此外，本书在撰写的过程中，也得到了相关专家和同行的支持与帮助，在此一并致谢。由于作者水平有限，加之时间仓促，书中难免出现纰漏，敬请广大读者批评指正。

目录

第一章 高中信息技术课程内容 … 1
- 第一节 高中信息技术必修课程模块 … 1
- 第二节 高中信息技术选择性必修课程模块 … 4
- 第三节 高中信息技术选修课程模块 … 10

第二章 高中信息技术教学实施与评价 … 13
- 第一节 信息技术教学实施 … 13
- 第二节 信息技术教学组织调控 … 40
- 第三节 信息技术教学评价和反思 … 53

第三章 多维度视角下的高中信息技术教学 … 77
- 第一节 基于智慧课堂的高中信息技术项目式教学 … 77
- 第二节 探究高中信息技术教学中数字化学习资源的应用 … 82

第四章 高中生态课堂建设的因素 … 89
- 第一节 高中生态课堂建设的教学因素 … 89
- 第二节 高中生态课堂建设的学习因素 … 99
- 第三节 高中生态课堂建设的环境因素 … 111

第五章 高中信息技术生态课堂创新教学实践 … 123
- 第一节 高中生态课堂的建设 … 123
- 第二节 高中信息技术生态课堂的构建策略 … 132
- 第三节 高中信息技术生态课堂系统的构建 … 139

参考文献 … 145

第一章　高中信息技术课程内容

第一节　高中信息技术必修课程模块

高中信息技术必修课程按照信息技术学科核心素养和学科的概念，选择基础的、稳定的、能反映时代需要的学科内容，强调基础学习是普通高中学生信息素养发展的共同基础，是全体高中学生必须学习的课程。信息技术必修课程包括"数据与计算"和"信息系统与社会"两个模块。

一、数据与计算

数据与计算课程是高中信息技术必修课程中的第一个模块，也是学习其他课程的基础。信息技术与社会的交互融合引发了数据量的迅猛增长，数据对社会生产和人们生活的影响日益凸显。本模块针对数据（包括大数据）在信息社会中的重要价值，分析了数据与信息的关系，强调数据处理的基本方法与技能，发展学生利用信息技术解决问题的能力。本模块是信息技术课程后续学习的基础，通过本模块的学习，学生能认识到数据在信息社会中的重要价值，合理处理与应用数据，掌握算法与程序设计的基本知识，根据需要运用数字化工具解决生活与学习中的问题，认识到人工智能在信息社会中越来越重要的促进作用，逐步成为信息社会的积极参与者。

该模块依据学科核心素养，结合学科特征设计了"数据与信息""数据处理与应用""算法与程序实现"三部分内容；建立了解决问题的学科方法与技术工具。通过该模块的学习，学生能合理选用技术工具处理数据，提高数据应用效能，发现其中潜在的有价值的信息，进而精准解决生活与学习中的问题。

第一，在具体感知数据与信息的基础上，描述数据与信息的特征，知道数据编码的基本方式。

第二，在运用数字化工具的学习活动中，理解数据、信息与知识的相互关系，认识数据对人们日常生活的影响。

第三，针对具体学习任务，体验数字化学习过程，感受利用数字化工具和资源的优势。

第四，通过典型的应用实例，了解数据采集、分析和可视化表达的基本方法。

第五，根据任务需求，选用恰当的软件工具或平台处理数据，完成分析报告，理解对数据进行保护的意义。

第六，从生活实例出发，概述算法的概念与特征，运用恰当的描述方法和控制结构表示简单算法。

第七，掌握一种程序设计语言的基本知识，使用程序设计语言实现简单算法。通过解决实际问题，体验程序设计的基本流程，感受算法的效率，掌握程序调试与运行的方法。

第八，通过对人工智能典型案例的剖析，了解智能信息处理的巨大进步和应用潜力，认识人工智能在信息社会中的重要作用。

二、信息系统与社会

信息系统与社会是高中信息技术必修课程中的第二个模块，针对信息社会生存与发展的需要，强调掌握利用信息系统解决问题的过程和方法。

在信息社会中，现实空间与虚拟空间相互交织，形成了一个全新的社会环境，在改变人们生活、工作与学习的同时，也塑造出一种全新的

第一章 高中信息技术课程内容

生存与发展方式。本模块针对信息社会生存与发展的需要,强调利用信息系统解决问题的过程与方法,提升学生的信息安全和社会责任意识。

该课程依据学科核心素养,结合学科特征设计了"信息社会特征""信息系统组成与应用""信息安全与信息社会责任"三部分内容;建立了信息系统、信息社会两个核心概念;融入了解决问题的学科方法与技术工具。通过本模块的学习,学生能了解人、信息技术与社会的关系,认识信息系统在社会中的作用,合理使用信息系统解决生活、学习中的问题,理解信息安全对当今社会的影响,能安全、守法地应用信息系统。

第一,探讨信息技术对社会发展、科技进步以及人们生活、工作与学习的影响,描述信息社会的特征,了解信息技术的发展趋势。

第二,通过分析典型的信息系统,知道信息系统的组成与功能,理解计算机、移动终端在信息系统中的作用,描述计算机和移动终端的基本工作原理。

第三,通过分析物联网应用实例,知道信息系统与外部世界的连接方式,了解常见的传感与控制机制。

第四,观察日常生活中的信息系统,理解计算机网络在信息系统中的作用,通过组建小型无线网络,了解常见网络设备的功能,知道接入方式、带宽等因素对信息系统的影响。

第五,通过分析常见的信息系统,理解软件在信息系统中的作用,借助软件工具与平台开发网络应用软件。

第六,在日常生活与学习中,合理使用信息系统,负责任地发布、使用与传播信息,自觉遵守信息社会中的道德准则和法律法规。

第七,认识到信息系统应用过程中存在的风险,熟悉信息系统安全防范的常用技术方法,养成规范的信息系统操作习惯,树立信息安全意识。

第八,通过搭建小型信息系统的综合活动,体验信息系统的工作过程,认识信息系统在社会应用中的优势及局限性。

第二节　高中信息技术选择性必修课程模块

一、数据与数据结构

数据与数据结构课程对培养学生的信息意识和计算思维具有重要作用，其涵盖常见的数据类型、经典的数据结构基础内容，对学生深入理解数据与计算机的关系，形成学科核心素养，适应信息社会有着十分重要的意义。

在数字化时代，数据对科学发现、技术进步、经济发展以及人们的日常生活有着越来越深刻的影响。理解数据的作用及价值对学生适应信息社会，学会数字化生存有着十分重要的意义。数据结构是信息技术学科的核心内容之一，对培养学生的信息意识与计算思维、深入理解并掌握信息技术学科知识与实践方法、形成学科核心素养具有非常重要的作用。

本模块是针对数据、数据结构及其应用而设置的选择性必修模块，通过本模块的学习，学生进一步了解数据（包括大数据）的作用，在掌握常用数据结构的概念、特点、操作、编程实现方法等内容的基础上，能对简单的数据问题进行分析，选择恰当的数据结构，并用一种程序设计语言编程实现，在问题解决过程中对数据抽象、数据结构的思想与方法有初步的认识。

第一，通过列举实例，分析数据与社会各领域的关系，理解数字、数值和数据的基本含义。

第二，通过列举实例，认识到数据作为新的原材料、生产资料和基础设施的价值与意义。

第三，结合生活实际，理解数据结构的概念，认识数据结构在解决问题过程中的重要作用。

第四，通过案例分析，理解数组、链表等基本数据结构的概念，并能编程实现其相关操作。比较数组、链表的区别，明确上述两种数据结构在存储不同类型数据中的应用。

第五，通过解决问题，理解包括字符串、队列、栈在内的线性表的概念及其基本操作，并编程实现。

第六，通过列举实例，认识到抽象数据类型对数据处理的重要性，理解抽象数据类型的概念，了解二叉树的概念及其基本操作方法。

第七，通过实现数据的排序和查找，体验迭代和递归的方法，理解算法与数据结构的关系。

二、网络基础

网络基础课程结合网络技术的经典内容和最新的技术发展以及学生未来适应信息社会所应具备的网络知识与能力，旨在促进学生理解网络基础知识，熟练掌握典型网络服务技能。

通信网络不但是数据传输的物理基础，而且是支撑信息社会的重要基础设施。理解网络基本知识，熟练使用典型网络服务是现代信息社会中生存与发展的基本技能之一。本模块是针对网络基本知识和实践应用而设置的选择性必修模块。

通过本模块的学习，学生可以了解计算机网络的核心概念与发展历程，了解常用网络设备的功能，能通过网络命令查询网络及设备的工作状态、发现联网故障，认识物联网对社会发展的影响，能使用典型的网络服务解决生活与学习中的问题，利用信息技术分享网络资源，具备网络应用安全意识。

第一，了解计算机网络的发展历史，知道网络的结构、类型、特征及演变过程；理解计算机网络与通信、互联网及移动互联网对现代社会的重要意义。

第二，认识常见网络传输介质的特性，理解影响网络传输质量的主要物理因素；描述网络的拓扑结构及不同类型网络的主要特点。

第三，熟悉TCP/IP协议（传输控制协议/网际协议）的主要功能和作用，理解网卡、交换机、路由器等基本网络设备的作用和工作原理。

第四，了解网络操作系统的功能，能使用基本网络命令查询联网状态、配置情况、发现故障。

第五，熟悉常见网络服务的应用情境，能识别网络资源的类型，利用适当的工具在计算机和移动终端上生成与分享网络资源。

第六，认识网络应用中信息安全和隐私保护的重要性，了解常用网络安全协议（SSL〈安全套接层〉、IPSec〈因特网协议安全性〉等协议）的作用；能够设置及使用简易防火墙，能够使用适当工具对数据和终端设备进行加密。

第七，掌握物联网的概念及其发展历程，了解与物联网相关的设备及其功能，描述其工作原理。

第八，体验物联网、"互联网＋"以及其他相关网络在日常生活、学习中的应用，探讨创新网络服务对人们未来生活、工作与学习的影响。

三、数据管理与分析

数据管理与分析模块课程按照真实问题解决的逻辑思路，突出学科思维，促进全面素养形成，主要涵盖"数据需求分析""数据管理"和"数据分析"三部分内容。数据管理与分析技术已经广泛应用于人们的日常生活与学习中，成为解决问题的重要方式。有效的管理与分析数据（包括大数据）可帮助人们获取有价值的信息，为决策形成提供重要依据。

本模块是针对数据管理技术与数据分析方法的应用而设置的选择性必修模块。通过本模块的学习，学生应了解数据管理与分析技术，能根据需求分析，形成解决方案；能选择一种数据库工具对数据进行管理，从给定数据中提取有用信息并应用于解决实际问题；在活动过程中形成对数据特征、数据价值、数据管理思想与分析方法的认识。

第一，结合生活实际，认识到数据是一种重要的资源，通过科学管理与分析数据，可以使数据实现其应有价值，感受数据管理与分析技术的重要性。

第二，结合具体案例，初步了解分析业务需求、建立数据管理与分析问题整体解决方案的基本过程；尝试对既定方案进行分析、评价，发现问题并优化方案。

第三，结合案例，了解数据采集途径的多样性，能利用适当的工具对数据进行采集和分类；认识噪声数据的现象和成因；理解不同结构化程度数据（包括结构化数据、半结构化数据和非结构化数据）的区别以及在管理与应用上的特点。

第四，结合案例，了解关系数据模型的基本概念，掌握设计简单关系数据库的逻辑结构的方法。

第五，使用数据库管理系统建立关系数据库，了解数据库基本的数据查询方法（如选择、投影、排序、统计等），能使用结构化查询语言进行简单的数据查询。

第六，结合案例，认识数据丢失的风险，利用实时备份与定时备份、全备份、增量备份与差异备份等多种方法进行数据备份。

第七，了解常用的数据分析方法（如对比分析法、分组分析法、平均分析法和相关分析法等）；在实践中选用适当的数据分析工具，分析、呈现并解释数据。

第八，运用数字化学习方式，了解数据管理与分析技术的新发展；结合恰当的案例分析，认识数据挖掘对信息社会问题解决和科学决策的重要意义。

四、人工智能初步

人工智能初步课程针对人工智能的发展特征，从基础知识与应用、简单人工智能应用模块搭建及开发等方面，设置了"人工智能基础""简单人工智能应用模块开发"和"人工智能技术的发展与应用"三部分内容。

人工智能是通过智能机器延伸、增强人类改造自然和治理社会能力的新兴技术。近年来，人工智能的发展呈现出深度学习、跨界融合、人机协同等新特征，推动了社会各领域从数字化、网络化向智能化的跃升，深刻改变着人们的生活方式和思维模式。本模块是针对人工智能的发展特征，从基础知识与应用、简单人工智能应用模块搭建及开发等方面设置的选择性必修模块。

通过本模块的学习，学生应该了解人工智能的发展历程及其概念，能描述典型人工智能算法的实现过程，通过搭建简单的人工智能应用模块，亲历设计与实现简单智能系统的基本过程与方法，增强利用智能技术服务人类发展的责任感。

第一，描述人工智能的概念与基本特征；知道人工智能的发展历程、典型应用与趋势。

第二，通过剖析具体案例，了解人工智能的核心算法（如启发式搜索、决策树等），熟悉智能技术应用的基本过程和实现原理。

第三，知道特定领域（如机器学习）人工智能应用系统的开发工具和开发平台，通过具体案例了解这些工具的特点、应用模式及局限性。

第四，通过开源人工智能应用框架，搭建简单的人工智能应用模块，并能根据实际需要配置适当的环境、参数及自然交互方式等。

第五，通过智能系统的应用体验，了解社会智能化所面临的安全挑战，知道信息系统安全的基本方法和措施，增强安全防护意识和责任感。

第六，辩证认识人工智能对人类社会未来发展的巨大价值和潜在威胁，自觉维护和遵守人工智能社会化应用的规范与法规。

五、三维设计与创意

三维设计与创意课程有利于培养学生的空间想象能力，发展学生科学、技术、工程、人文艺术、数学等学科的综合思维能力。三维设计作为一种立体化、形象化的新兴设计方法，已经成为新一代数字化、虚拟化、智能化设计平台的重要基础。本模块是针对三维图形创作与编辑和三维动画创意方法而设置的选择性必修模块。

该课程涵盖"三维设计对社会的影响""三维作品设计与创意"和"三维作品发布"三部分内容。通过本模块的学习，学生能够理解基于数字技术进行三维图形和动画设计的基本思想和方法，能够结合学习与生活的实例设计三维作品并发布该作品，体验利用数字技术进行三维创意设计的基本过程和方法。

第一，能通过调查和案例分析，描述三维设计及相关技术的现状和发展趋势，具体说明三维设计及相关技术给人们的生活、工作、学习带来的影响。

第二，认识三维设计及相关技术在数字化环境中的普遍性，了解三维设计及相关技术在不同领域的实际应用。

第三，通过剖析、模仿三维作品的样例，掌握三维设计的基本方法，尝试添加并实现自己的创意。

第四，了解三维设计中建模的意义，能从建模的思想出发，合理创设模块，进一步规划完善三维作品的设计。

第五，从生活与学习需求出发，利用三维设计软件创作三维作品，添加适当的效果，达到设计的要求。

第六，能根据交流或创作的需要，选择适当的形式发布三维作品，实现表达意图。

第七，能适当评价与鉴赏他人作品，体会作品所表达的创作思想，理解其中蕴含的创意。

六、开源硬件项目设计

开源硬件项目设计课程旨在激发和培养学生的创新兴趣和动手实践能力，同时也有助于在信息技术课程中践行 STEAM（Science Technology Engineering Arts Mathematics，是一种跨学科综合性的教育方法，由科学、技术、工程、艺术、数学等学科共同构成）教育。该课程涵盖

◎ 高中信息技术生态课堂实践探究

"开源硬件的特征""开源硬件项目流程"和"基于开源硬件的作品设计与制作"三部分内容。

通过本模块的学习,学生能搜索并利用开源硬件及相关资料,体验作品的创意、设计、制作、测试、运行的完整过程,初步形成以信息技术学科方法观察事物和求解问题的能力,提升计算思维与创新能力。

第一,基于实例分析,认识开源硬件的特征与发展,理解利用开源硬件进行信息技术创新的意义。

第二,通过剖析使用开源硬件完成作品的实例,体验基于开源硬件完成项目的基本流程,知道常用开源硬件的功能与特征。

第三,基于事物特征的分析,设计基于开源硬件的作品开发方案,描述作品各组成部分及其功能作用,明确各组成部分之间的调用关系。

第四,根据设计方案,选择恰当的开源硬件,搜索相关的使用说明资料,审查与优化作品设计方案。

第五,了解作品制作过程中各种设备与组件的安全使用规则和方法,根据设计方案,利用开源硬件、相关组件与材料,完成作品制作。

第六,根据设计方案,利用开源硬件的设计工具或编程语言,实现作品的各种功能模块。

第七,根据设计方案,测试、运行作品的数据采集、运算处理、数据输出、调控执行等各项功能,优化设计方案。

第八,完善项目作品的设计方案,践行开源与知识分享的精神,理解保护知识产权的意义。

第三节 高中信息技术选修课程模块

一、算法初步

算法初步课程旨在帮助学生培养从系统的角度描述和解决问题,涵盖"算法基础""常见算法及程序实现"和"算法应用"三个部分内容。本模块是针对算法及其初步应用而设置的选修模块,通过本模块的学习，学生能够理解利用算法进行问题求解的基本思想、方法和过程，掌握算法设计的一般方法；能描述算法，分析算法的有效性和效率，利用程序设计语言编写程序实现算法；在解决问题过程中自觉运用常见的几种算法。

对问题的抽象或形式化描述是算法的基础。算法的每一步都是一个准确表达的步骤或指令，旨在用一系列这样的步骤在有限的时间内解决实际问题。解决同一个问题存在的不同算法，算法有效（无效）、高效（低效）等差别。学习算法可以从系统的角度描述和解决问题，有助于学生未来专业的发展。

第一，通过分析实际问题，经历描述问题并利用符号语言将其形式化的过程，理解解决问题的起点是问题的描述，算法的基础是形式化描述。

第二，经历将解决问题的方法归结为一系列清晰准确步骤的过程，理解算法的概念、基本要素和基本特征。

第三，分析欧几里得、割圆术、秦九韶等经典算法，能够用自然语言、伪代码、流程图等多种方式描述这些算法。

第四，通过案例分析，理解二叉树的概念及其遍历的方法，初步掌握二叉树在搜索算法中的应用。

第五，通过问题解决，掌握分治、动态规划、回溯等常见算法，并结合具体问题开展编程实践。

第六，通过比较解决同一个问题的不同算法，体验算法效率的差别，理解算法的正确性、可读性、健壮性，掌握算法分析的一般方法和过程，会计算算法的时空复杂度。

第七，能有意识地把算法及算法思想迁移应用于实际生活和学习中，分析算法的优势和不足。

二、移动应用设计

随着移动技术的快速发展与普及，运用移动终端解决日常生活与学习中的问题已成为信息社会中公民的一项重要技能。合理使用移动终端，可以帮助人们快速获取信息，进行高质量的沟通与交流。本模块是针对移动应用设计、为满足学生个性化发展而设置的选修模块。

移动应用设计课程涉及"移动技术对社会的影响""移动应用功能设计与开发""移动应用中的信息安全"三部分内容，旨在引导学生从普通的使用者，到能深刻理解并能在学习与生活中创造性地使用移动应用解决问题，进而发展移动应用的设计与开发能力。

通过本模块的学习，学生能够了解常用移动终端的功能和特征，形成移动学习的意识，掌握移动应用设计与开发的思想方法，根据需要设计适当的移动应用，创造性地解决日常学习和生活中的实际问题。

第一，体验基于移动终端的日常应用，结合移动应用的典型实例，认识移动技术对人类社会的影响。

第二，了解常见移动终端的类型与功能，描述移动终端的特征与组成，认识不同移动软件系统的特点。

第三，在具体的移动应用设计实践中，了解移动应用的基本架构，理解基于图形化开发工具进行移动应用设计与开发的基本方法，能利用模拟器测试移动应用程序。

第四，了解移动终端的常用传感器种类及功能，理解其数据采集方式，能在移动应用设计中使用多种数据输入方式。

第五，分析移动终端信息呈现的特点，了解移动终端的多种信息输出方式，能在移动应用设计中使用多种信息输出方式。

第六，基于实例分析，理解移动应用中本地数据存储与读取的基本方法，能初步利用适当的应用程序接口读写数据。

第七，分析网络数据收发的实例，了解用移动终端传输网络数据的基本方法，能在移动应用设计中使用网络进行简单的数据收发。

第八，了解移动应用中的信息安全及个人数据保护方法，理解防止移动应用信息泄露等风险的基本思想与技术方法。

第二章　高中信息技术教学实施与评价

第一节　信息技术教学实施

一、信息技术教学原则

(一) 基础性与发展性相结合原则

1. 重视信息技术基础知识、基本技能、基本方法和基本态度的培养，为学生的终身发展夯实根基

一般而言，越是基础性的知识越具有普适性和迁移性，也就越适用于现在学生的素质教育。而从教育心理学的角度来讲，掌握必要的基础知识、基本技能是产生学习迁移的重要条件，有利于学生形成良好的认知结构。

在高中信息技术课程教学内容的选取上，应该突出"基础性"原则，学习内容应该是信息技术领域里一些相对比较稳定的东西，是学生将来学习、生活和工作中能够利用的或者能迁移到其他领域中应用的。例如，信息和信息技术的重要价值、计算机系统的组成和基本工作流程、信息获取以及一些加工手段等。

2. 以发展的眼光促进学生信息素养的一般发展

(1) 教学过程的发展性

"最近发展区"理论认为，学生在成人指导下，借助成人帮助所能达到的解决问题的水平与在独立活动中所能达到的解决问题的水平之间存在差异，对于教学而言，重要的是关注那些正处于形成的状态或正在发展的过程，要让学生"跳一跳，摘得到"。因此，教学应促使"最近

发展区"的形成并使之不断变化。

信息技术课程的教学也应遵循"最近发展区"的原理，使教学有一个适当的起点，并使教学过程动态发展，使学生信息素养水平获得持续提升，绝不可满足和停留在学生已经达到的能力水平。由于每个学生的"最近发展区"存在差异，这就要求教师能根据不同的水平设计相应的学习任务，并提供完成任务的各种支持条件，或使学习任务具有一定的开放性，允许学生在任务框架下自主确定具体的学习任务等。

（2）教学内容的发展性

信息技术本身是不断发展的，这主要体现在以下两个方面：一方面，为了适应各种需求，研究和开发了许多信息技术的新成果，且在现有成果的基础上升级或改造的产品也在不断地产生。另一方面，信息技术的大众化或普及性本身就是相对的，随着时间变化而变化。如此看来，适时地调整信息技术教学内容甚至是课程体系还是很有必要的，也就使得高中信息技术教育课程的教学具有明显的时代发展特征。因此，教师要保持对信息技术最新进展的关注，保持对社会信息化进程中出现的新现象的关注，以便及时发现新问题，补充新知识。

3. 加强学习方法的培养，提高学生对信息技术发展变化的适应能力

当今时代，信息技术发展速度快、知识更新周期短，光靠在学校的有限学习是远远不够的；从未来来看，信息技术是支持信息时代公民进行终身学习不可缺少的工具。因此，提高学生对信息技术发展变化的适应能力，使学生学会学习，既是当前教学的需要，也是培养信息时代公民的需要。换句话说，信息技术教师应当注重对学生学习方法的培养。

信息技术教师应该在提升自身业务能力和信息素养的前提条件之下，注意归纳和总结信息技术的基本特征和一般发展规律，利用平时的教学引导学生学会自主学习，培养学生"提出问题—分析问题—解决问题"的各方面能力。最后，教师还要培养学生的评价能力，一方面要引导学生学会对自己的学习结果进行评价，使学生真正成为学习的主人；

另一方面要引导学生在具体工具的使用中,认识其优点,发现其不足,培养批判意识。

总之,只有坚持基础性与发展性相结合的原则,才能为学生创造这样的一幅图景:以基本知识和基本技能为起点,以教师教学为支点,以学习方法为杠杆,挑起学生未来发展的朝阳。

(二) 全面发展与个性发展相统一原则

1. 教学目标上,在达到课程标准基本要求的基础上设立多级目标

首先应使全体学生在三维目标上获得全面发展,达到课程标准的基本要求。同时根据学生信息技术水平和能力上的差异设置多级教学目标,对应不同能力水平的学生,进行分层次教学。

2. 教学内容上,在实现课程标准基本要求的基础上设计多种学习任务、使用不同的软件工具

教师要充分了解学生的兴趣爱好和特长,一方面,教师应该设计不同的学习内容和任务,满足不同学生的需要,针对学生能力水平的差异,提供不同难度水平的学习任务。另一方面,在完成任务的软件工具的选择上不强求一致,例如,在文字处理方面,有些学生擅长 Microsoft Word,有些同学擅长 WPS,在条件允许的情况下,应该让学生多选择自己感兴趣的软件工具。

3. 教学策略上,在实现课程标准基本要求的基础上根据学生的认知风格给予不同的教学指导

不同学生具有不同的认知风格,有些学生喜欢独立地制定解决任务的方法,表现出很强的独立性;有些学生善于用复合思维,综合信息与知识,运用逻辑规律,缩小问题范围,直至找到解决问题的方法;有些学生则可能具有发散性思维优势,喜欢沿着多个方向寻找解决问题的方法;还有些学生倾向于在问题情境中深思熟虑而错误较少。面对学生在学习过程中表现出来的种种认知风格,教师在教学过程中应采用不同的

教学策略，施以不同的教学方法和指导，鼓励不同意见和思路的迸发，鼓励多样化的问题解决方式和方法。

4．教学组织形式上，在实现课程标准基本要求的基础上将集体教学、小组合作与个别指导有机结合

教师应根据实际情况和需要，有效使用各种教学组织形式，以适应不同认知方式、不同知识水平学生的发展。对于基础性的内容以及学生在学习过程中反映出的共性问题，可以采用集体讲授的形式；对于基础较弱的学生，可以采用个别辅导的方法为其奠定必要的基础，增强其学习的信心；对于基础较好的学生，可以提供多样化的自主探索空间和条件，给予专门指导，使其能力能够得到充分提高。也可以采用小组合作方法，变学生的个体差异为优势资源，让学生在合作交流中互相学习并充分发挥各自的长处，协作完成学习任务。

总之，信息技术课程要求教师在承认、尊重学生差异的前提条件下，既照顾个体差异，又体现教育水平，在此基础上展开灵活多样的教学。需要指出的是，其中没有固定的模式可循，需要在实践中不断地探索和创造。

（三）信息技术与日常生活和学习相整合原则

1．信息技术的教学要贴近学生生活

（1）教学场所的拓展

除了普通教室、计算机机房，教师可以根据教学需要，特别是在涉及情感态度与价值观的培养时，可以适当将教学活动延伸到校园活动场所、电脑市场、相关的企事业部门和行政部门、博物馆等与教学内容相关的活动场所，引导学生在实践、参观、调查等过程中发现问题、分析问题和解决问题。需要指出的是，信息技术教学主要还是以教室和机房为主要阵地，在里面同样可以激发学生的生活经验。

（2）教学时间的布置

教师不仅要结合教学实际，为学生安排可以在课堂上完成的任务，也要根据实际条件适当地将一些学习任务安排在课外时间完成，以便学

生能更方便地在实际生活的体验中学习信息技术，使课堂教学和学生的生活实践联系起来，当然，必须注意时间上的适度把握。

（3）教学内容的设计

可以适度设置贴近学生生活经验的"真实"学习任务、典型案例、研究型课题或活动课程等。不仅可以将来源于社会生活的实际问题引入教学，也可以在条件允许的情况下引导学生参与校内机房建设与管理、校园网络建设与管理、学习资源的建设等，以此引导学生在动手操作、自主探究和解决问题的过程中将"学技术"与"用技术"融合在一起，让学生在活动过程中掌握应用信息技术解决问题的思想和方法。

2. 信息技术的教学要贴近学生的日常生活

（1）在信息技术课程中整合其他课程的内容

信息技术课程的学习总是要有一定的学科知识作基础，学生在利用这些学科知识基础支持信息技术内容学习的同时，也巩固和加深了对它们的理解和掌握，甚至有可能从中得到新的启迪而获得新知。

（2）利用信息技术支持信息技术课程自身的教学

信息技术不仅是学生学习的对象，而且也是学生学习信息技术和信息技术教师支持教学的工具。学生在学习信息技术的过程中，可以应用已经具备的信息技术基本技能获取与当前学习内容相关的支持资料，管理与当前有关的学习资料和成果，表达学习信息技术所遇到的疑惑，获得教师的启发，交流学习信息技术的经验、感受，利用信息技术与同学合作完成某项任务。教师则可以利用信息技术进行教学事务管理，为学生创造学习条件。

信息技术课程的教学应与学生的日常生活和学习相结合。一方面要贴近学生生活，充分发掘信息技术课程本身的内涵，密切联系学生的现实生活和社会实践，鼓励学生将所学的信息技术积极地应用于生产、生活乃至信息技术革新等各项实践活动中。另一方面要贴近学生日常学习，学生在学习信息技术的过程中，既可以应用已经具备的信息技术的基本技能获取与当前学习内容相关的资料，管理与当前有关的学习资料和成果；也可将已掌握的基本技能应用于以后的信息技术的学习，以学促学。

（四）科学教育与人文教育相融合原则

1. 科学教育与人文教育的简述

所谓科学教育，就是指以征服、改造自然，促进物质财富增长和社会发展为目的，向人们传授自然科学技术知识，开发人的智力的教育，它是以科学主义的工具理性为教育价值取向、以社会发展需要为标准的功利性的教育价值观。

所谓人文教育，就是培养人文精神的教育，是以人文主义价值理性为教育价值取向的教育。它通过把人类积累的人性精神、审美情趣与文化传统传授给下一代，以期使人能洞察人生、完善心智、净化灵魂，理解人生的意义与目的，找到合适的生存方式。人文教育实质上是一种人性教育，他是以个体的心性完善为最高目标、以个人发展需要为标准的教育价值观。

科学教育与人文教育在信息技术教学中发挥着不同的功能，有着不同的教育价值取向。科学教育注重知识、技能、原理的掌握，以适应信息社会的需要，人文教育则强调探求信息技术对人生活的影响和意义，人在信息社会中的生存方式和价值取向；科学教育追求的是速度和效率，人文教育追求的是体验与沉浸；科学教育追求的是精确性和简约性，人文教育追求的是生动性和丰富性；科学教育强调的是客观技术的掌握，人文教育强调的是主观情绪的享受；科学教育的教学评价标准是定量和统一的，人文教育的教学评价标准是定性和多样的。

2. 科学教育与人文教育相融合的重要性

科学教育和人文教育都各自有其合理的内核与现实价值，也各自有自己的局限与不足，两者体现在信息技术教育中是相辅相成、不可分割的两个侧面，因此，实现科学教育与人文教育的融合就显得异常重要，这种重要性具体体现在以下两个方面。

宏观上，人文教育融入科学教育已成为社会发展之必然。以信息技术为动力的知识经济大大提高了经济发展水平，极大地改善了人们的生活质量。由此可见，信息技术越向前发展，人类社会就越是需要信息技术的人文精神、道德规范和价值准则。

微观上，作为个体人的生存与发展呼唤科学教育与人文教育的融合。个体有着各种需要，而且只有在这些需要不断地得到满足的条件下，他才能够生存、发展并不断地自我完善。一方面，人有使用计算机、网络等信息技术工具的方法和能力，而个体的这种能力必须通过较系统地接受科学的信息技术教育才能有效地获得。另一方面，人同时也是有自我意识、有情感、有意志、有理想的社会人，具有对真、善、美，对友爱、爱情、尊重和对自我实现的精神需要。

总之，科学技术将继续长足进步，这是可以预期的，因为人类创造的工具理性已经赢得了无可阻遏的前行势能。对于基础教育中的信息技术教育来说，作为素质教育的一个重要组成部分，也应加强科学教育与人文教育的融合。

3. 科学教育与人文教育的融合思路

信息技术教育中的人文教育有别于一般的人文教育，它的主要任务在于塑造与人的技术行为相关联的人文素养，因此，可行的途径就是在信息技术教育中融合人文教育的精髓。

所谓融合，通俗地说，就是相互融合，形成你中有我、我中有你、浑然一体的状态。因此，科学教育和人文教育的融合是高层次上的融合，这种融合是全方位的，涉及教育思想、教育价值观、课程研制、课程实施等课程建设的各个方面，同样也体现在信息技术教学的过程中。

在信息技术教学过程中融入人文教育的教学过程可以划分为以下几个相连的环节。

其一是感受，要使学生在亲历信息活动的过程中体验到信息技术的作用与价值。

其二是感悟，让学生感悟到信息活动中的合作和探究精神，感悟到信息作品的风格、情调、美感以及蕴含的情感。

其三是理解，理解问题解决过程中发现问题和分析问题的角度和立场，理解问题解决过程中合作、交流的重要性，理解信息作品所表达的思想、情感和态度。

其四是表达和交流，乐于同他人分享自己的感受和观点，并能用适当的信息表达方式适时、主动、清晰、生动、流畅地表达出来，善于倾听、理解和包容他人意见，和谐、融洽地进行讨论，主动、辩证地吸收他人观点和思想。

最后，也是最终的目的，是获得精神的自由和升华，个性化地感悟信息活动中的人与技术、人与人的关系，内化社会成员应承担的责任，建立稳定的态度和健康的行为习惯，形成与信息社会相适应的学习方式和生活方式、价值观和责任感。无论哪个环节，对于教师而言，最根本的是要尊重学生的个性、情感和自由。

二、信息技术教学特点

（一）教学目标：在多元化和全面性中培养学生的信息素养

信息素养是一个丰富而全面的能力体系，信息素养对信息技术课程教学目标的确立和落实提出了更高的要求，主要体现在：要重视问题解决能力特别是创新能力和实践能力的培养，力求知识传授和能力发展的统一；要重视学习能力的培养，从机械模仿、单纯接受向学会学习跃迁；要重视非智力因素的培养，力求认知、情感、态度和谐发展；要重视信息文化的内化，力求技术教育与文化教育的完美统一。

（二）教学对象：由被动接受转向主动建构

由被动向主动转向，就是要尊重学生的主体性，把学生转变为学习的主体。培养学生自主学习的能力，在教师的指导下自主学习，使学生由知识的"容器"转变为知识的"发生器"。

（三）师生关系：构建民主平等的和谐关系

1. 教学的平等性和合作化

现代教育提倡民主化的教学，不仅学生之间要结为互助的合作关系，教师也要成为学生学习的伙伴，在平等中对话，在合作中教学。

2．教学的情感性和人性化

教师在教学过程中情感的外显对学生既能起到良好的熏陶、感染作用，又是信息交流的渠道，而学生良好的情感的激发和培养不仅带来了学习的新动力，还对学生健全人格的培养和发展有莫大的好处。

3．教学的互动性和多边化

教学过程中的互动性和多边化指师生、生生之间的有效互动和多边交流。

(四) 教学方法：以教学需要为中心

1．教学方法要有针对性

要针对学生的准备状态、教学内容的特点、具体的教学目标、教学方法的适用范围、已有的软硬件条件和教师自身的素养条件等综合权衡，选择和使用合适的教学方法，它与信息技术运用能力的培养有很大的不同，各有其适用的教学方法。

2．教学方法要有灵活性

根据教学过程中的各种条件及其变化灵活选用教学方法，灵活性与针对性是相连的，灵活选用的目的主要是保证教学方法的针对性，若想使教学方法具有针对性就必须灵活地选择和运用。

3．教学方法应该多样化

选择和使用多样化的教学方法以丰富教学过程，多样化与针对性和灵活性也是相互关联的，能做到针对性和灵活性，基本可以保证教学方法的多样化，多样化的教学需要灵活、有针对性地选择教学方法。

(五) 教学过程：贴近生活、探究学习和因材施教

1．贴近生活

突出体现在教学过程要贴近学生的学习和生活经验，在"真实"的情境中通过实际问题的解决培养学生的信息素养。贴近学生的学习和生活经验的实质在于连接学生的已有经验，唤起学生的学习意愿，并以此作为出发点，更好地改造和拓展学生已有的经验。可以根据实际需要有

针对性地选择这两种"贴近"方式。

2. 探究学习

探究学习指教学过程要重视学生在教师的引导和启发下通过自身的探讨和研究创造性地获取知识，在探究过程中培养学生的能力。教师在教学过程中要加强对学生学习的引导和启发，给学生以帮助并留下思考和想象的空间。

3. 因材施教

因材施教指教学过程要提倡在教师的指导下学生的个性化学习和特色发展。随着新课改的深入，生生之间的差异仍将客观存在，需要教师因材施教，满足不同学生的发展水平和学习需求。为了兼顾学生的特殊发展，需要教师主动地发现和培养有专长的学生。

三、信息技术教学方法

（一）讲授法

1. 讲授法的概念及特点

讲授法是教师通过语言向学生描绘情境、叙述事实、解释概念、论证原理和阐明规律的一种教学方法。

讲授法有以下几个特点：①讲授教学要根据一定的教学目的进行讲授；②讲授中教师起主导作用，引导学生关注新知识并进行思考；③学生在倾听与反馈中建构知识体系；④口头语言、表情语言、体态语言是传递知识的基本工具，教师要对讲授的内容进行合理的组织。

2. 讲授法的注意事项

使用讲授法进行教学时，应该注意以下几点：①连续讲授时间不宜过长；②讲授内容要适合学生的理解程度；③讲授时，应注意动作、表情和语言的配合，必要时应借助现代教育技术；④讲授时，要时刻注意学生的反应，重视双边交流活动。

3. 讲授法的优点

讲授法的优点：①有助于系统知识和技能的传授；②适用于班级组织教学。

（二）讨论法

1. 讨论法的概念

讨论法是指学生在教师指导下围绕某一主题各抒己见、互相启发，通过议论、争论或辩论解决问题、提高认识、获得知识与技能的教学方法。讨论形式主要有全班共同讨论与小组协作讨论两种形式。

2. 讨论法的注意事项

在使用讨论法时应该注意以下几点：①在新知识传授阶段不宜用讨论法，因为讨论必须以学生对某一课题有所了解、掌握了一定知识为基础；②低年级学生不宜用讨论法，一方面因为他们缺乏必要的知识基础和表达技能，另一方面，他们学习的内容也不适宜讨论；③许多基本技能需要大量个人练习的，也不需要讨论。

3. 讨论法的优点

讨论法的优点：①讨论有助于学生思考多方面的意见，有助于对不同意见形成新的理解；②讨论有助于思想的转变；③讨论有助于学生发展分析、综合问题的能力以及交流合作的能力。

（三）任务驱动法

1. 任务驱动法的概念

任务驱动教学法是一种建立在建构教学理论基础上的教学方法，符合探究式教学模式，是区别于以往的教学方法，属于启发式的、探究式的学习，适用于培养学生的自学能力和相对独立的分析问题、解决问题的能力，有助于激发学生的学习兴趣，强化学生在学习过程中的主体意识。

信息技术教学中的任务驱动教学法可以概括为以任务为主线，以教师为主导，确定任务是核心，怎样驱动是关键，信息素养是目的。

2. 任务驱动法的注意事项

（1）任务的设计要恰当

①任务要真实。任务要来源于真实的学习和生活，具有实际意义，应该是学生熟悉的，贴近他们的日常学习和生活经验。

②任务要有趣。任务应当是学生感兴趣的，由此调动学生学习的积

极性，激发其学习动机。

③任务要开放。任务的设计要给学生留有自主开拓的余地，鼓励学生发挥想象力和创造力。

④任务要完整。教师应该尽可能将任务设计成一个相对完整的、能够解决具体问题的任务，这样才便于学生综合能力的培养。同时，教师还要注意任务之间要循序渐进、有一定的关联和层次，从而确保教学的连续性和系统性。

（2）任务分析是重要的环节

由教师指导或组织进行的任务分析有助于学生正确思维方式和学习方式的形成，一般来说，任务分析既可以对综合的任务进行分解，将各个环节的子任务明确化；同时，还可以找出解决问题的难点和关键点，确定问题解决的过程和方法。

（3）怎样驱动是关键

"任务驱动"学习最根本的动力来源是学生自己，是学生内在的"自我驱动"。教师需要在教学中不断激发、维持和加强学生的成就动机，使之形成一种健康的、自我指向的可持续学习。

3. 任务驱动法的优点

任务驱动法的优点：①任务驱动教学法充分体现了"学生主体"的教学思想；②易于激发和保持学生的学习主动性和积极性；③可以锻炼学生的合作精神和沟通能力。

另外，任务驱动教学法在培养学生实践和创新能力、促进学生个性化发展、增强学生探索精神、磨炼学生顽强意志等方面都有积极的作用。总之，任务驱动教学法继承了传统教学方法的很多优点，充分吸收了温故而知新、因材施教、学以致用等教育教学思想，比较适用于信息技术课程的教学。

4. 任务驱动法的任务类型

任务驱动教学法的任务类型可以分为封闭型任务、半开放型任务和开放型任务。

任务的分类不是一成不变的，一般在大任务中会综合运用封闭型任务、半开放型任务与开放型任务，大任务通常以子任务的形式完成。

(四) 基于问题教学法

1. 基于问题教学法的概念

基于问题式学习是近年来受到广泛重视的一种教学方式，它强调将学习设置于复杂的、有意义的问题情境中，通过让学生合作解决真实问题的过程，学习隐含于问题背后的科学知识，掌握解决问题的技能，并形成自主学习的能力。

基于问题教学法旨在通过引导学生解决复杂的、实际的问题，使学生构建坚实的知识基础，发展解决问题、自主学习和终身学习的技能，成为有效的合作者，并培养学生的内部动机。

2. 基于问题教学法的优点

基于问题教学法的优点：①以学生为中心，让学生在开放的学习中合作交流；②与学生的实践操作能力相结合；③促进学生掌握基本的学习策略和学习方法，掌握解决问题的方法；④促进教师之间的合作。

(五) 范例教学法

1. 范例教学法的概念

范例教学法是以典型范例为中心组织教学，学生能够通过模仿特殊范例从而掌握一般规律的方法。这种教学方法易于引起学生联想、类比，起到举一反三的效果，运用范例教学法的目的在于使学生从特殊中获得一般，再从一般迁移到其他的"个别"上。

教学汇总选取范例时，要将典型的知识技能作为范例内容呈现，范例内容要结合实际，符合学生的生活实际和认知水平，范例内容要具有明显的特征、带有启发性，并能够使学生实现知识与技能的有效迁移应用，要体现出基本性、基础性和范例性。

2. 范例教学法的注意事项

第一，课前要在分析的基础上认真准备好范例。

第二，把握范例学习的过程。

第三，做好总结与归纳。

四、信息技术教学策略

（一）先行组织者教学策略

先行组织者教学策略是指教师在教授新教材之前，先给学生一种引导性材料，它要比新教材更加抽象、概括和综合，并能清晰地反映认知结构中原有的观念和新的学习任务的联系。

先行组织者教学策略是有意义学习理论的一个重要组成部分。有意义学习过程的实质就是符号所代表的新知识与学生认知结构中已有的适当观念建立非人为的和实质性的联系，所谓认知结构是指学生现有的知识的数量、清晰度和组织结构，它是由学生眼下能回想出的事实、概念、命题、理论等构成的。而提供先行组织者的目的就在于用先前学过的材料解释、整合和联系当前学习任务中的材料，并帮助学习者区分新材料和以前学过的材料。

（二）情境教学策略

教学情境是指作用于学习主体，产生一定情感反应的客观环境，它是由教学的具体环境和教学内容、师生情绪和情感等所形成的一种教学氛围，包括物理的和心理的两方面内容，是"情"和"境"的融合。教学应该在和真实情境相类似的环境中发生，在真实情境中的学习，可以在提高学生学习的参与度，促进其对所学内容意义建构的同时，减小知识与解决问题之间的差距，提高学生知识迁移的能力。

在不同的教学活动进程中，情境的作用不同主要可分为两类：动机激发情境和学习情境。为激发动机进行的情境创设，一般用于一堂课的开始或活动的开始，通过多媒体计算机的视、音频功能创设逼真、吸引人的情境，引起学生的兴趣和关注。为学生学习进行的情境创设，应根据教学的需要设计具体化的教学情境、学习情境、问题情境将对现实生活经过抽象和提炼的教科书知识，通过情境的设计，还原知识的背景，恢复其原来的生动性和丰富性。

（三）动机教学策略

学习动机是学生内在的学习需要。学习动机能促进学生加强新旧知识的相互作用,有效地促进学生学习情况的变化和对所学知识的保持,还可以影响学生对知识的提取(回忆)。因此,在教学中发挥教师的主导作用,引导激发学生内在的学习动机是教学的重点所在。

动机由认知内驱力、自我提高内驱力和附属内驱力三种成分组成。认知内驱力是指学生渴望认知、理解和掌握知识以及陈述和解决问题的倾向。自我提高内驱力是指一个人要求凭自己的才能和成就获得相应的社会地位的愿望,附属内驱力是指学生为得到家长和教师的赞扬而学习的需要。

(四)启发式教学策略

孔子的"不愤不启,不悱不发"是对启发策略的高度概括,"愤""悱"是学生无法解决所遇疑难问题时心理状态的外在表现,即指学生在就某一问题进行思考,急于解决但又难以突破时,教师应适时指导学生思考问题的方法,以帮助学生开启思路;而在学生进行了一定的思考之后,但因思考尚未成熟,想说却又难以表达时,教师应帮助学生明确思路,弄清事物的本质属性,然后用比较准确的语言表达出来。

(五)情境—陶冶教学策略

情境—陶冶教学策略有时也称暗示教学策略,主要通过创设某种与现实生活类似的情境,让学生在思想高度集中但精神完全放松的情境下进行学习。在学习中通过与他人的充分交流与合作,提高学生的合作精神和自主能力,以达到陶冶个性和培养人格的目的。

情境—陶冶教学策略主要由以下几个步骤组成:

①创设情境。教师通过语言描绘、实物演示和音乐渲染等方式或利用教学环境中的有利因素为学生创设一个生动形象的场景,调动学生的情绪。

②自主活动。教师安排学生加入各种游戏、唱歌、听音乐、表演、操作等活动,使学生在特定的气氛中积极主动地从事各种操作,在潜移默化中进行学习。

③总结转化。通过教师启发总结,使学生领悟所学内容主题的情感

基调，达到情感与理智的统一，并使这些认识和经验转化为指导其思想、行为的准则。

（六）自主学习教学策略

自主学习教学策略的核心是要发挥学生学习的主动性、积极性，充分体现学生的认知主体作用，其着眼点是如何帮助学生"学"。因此，这类教学策略的具体形式虽然多种多样，但始终有一条主线贯穿始终，即让学生"自主探索、自主发现"。

自主学习教学策略的基本过程是让学生通过对具体事例的归纳获得一般法则，并用它解决新的问题。

其大致步骤如下：

①问题情境。教师设置问题情境，提供有助于形成概括结论的实例，让学生对现象进行观察分析，逐渐缩小观察范围，将注意力集中在某些要点上。

②假设与检验。让学生提出假说，并加以验证，得出概括性结论。通过分析、比较，对各种信息进行转换和组合，以形成假说，而后通过思考讨论，以事实为依据对假说进行检验和修正，直至得到正确的结论，并对自己的发现过程进行反思和概括。

③整合与应用。将新发现的知识与原有知识联系起来，纳入认知结构的适当位置。运用新知识解决有关的问题，促进知识的巩固和灵活迁移。

自主学习策略一方面关注学生对基本概念和原理的提取、应用，另一方面关注学生在发现过程中的思维策略，关注探究能力和内在动机的发展。因此，自主学习策略有利于培养学生的探索能力和学习兴趣，有利于知识的保持和应用。

（七）支架式教学策略

支架式教学策略应当为学生建构一种对知识理解的概念框架，用于促进学生对问题的进一步理解。因此，事先要把复杂的学习任务加以分解，以便把学生的理解逐步引向深入。

支架式教学策略由以下几个环节组成：

①搭建框架。围绕当前的学习主题，按"最近发展区"的要求建立概念框架。

②进入情境。将学生引入一定的问题情境（概念框架中的某个节点）。

③独立探索。让学生独立探索，探索内容包括确定与给定概念有关的各种属性，并将各种属性按其重要性由大到小顺序排列。探索开始时要先由教师启发引导（例如演示或介绍类似概念的过程），然后让学生自己分析，探索过程中教师要适时提示，帮助学生沿概念框架逐步攀升。起初的引导、帮助可以多一些，以后逐渐减少，更多地让学生自己探索，最后要争取做到无须教师引导，学生自己能在概念框架中继续攀升。

④合作学习。进行小组协商、讨论。讨论的结果有可能是原来确定的、与当前所学概念有关的属性的增加或减少，也有可能是各种属性的排列次序有所调整，使原来的复杂局面逐渐变得明朗、一致，在共享集体思维成果的基础上达到对当前所学概念比较全面、正确的理解，即最终完成对所学知识的意义建构。

⑤效果评价。对学习效果的评价包括学生的自我评价和学习小组对个人的学习评价，评价内容包括自主学习能力、对小组合作学习所作出的贡献、是否完成对所学知识的意义建构等。

五、信息技术教学技能

（一）导入

1. 课堂导入的概念

导入是课堂教学的第一环节，也是教师在上课开始或新教学内容开始时引导学生进入学习的方式。

在信息技术教学中，根据教学的具体内容，在上课开始或新教学内容开始时，教师要在短短的三五分钟内组织导入语，吸引学生的注意力，激发学生的求知欲，使学生的思维立即进入教学情境，同时课堂教学也进入最佳境界。

2. 课堂导入的方法

(1) 直接导入

所谓的"直接导入"，就是上课一开始，教师就直接点明本课的课题及所要学习的内容，将本节课的教学目标完整清晰地展现给学生，使学生有一个明确的学习目标。直接导入法具有简洁明快的特点，它可以在很短的时间内就引起学生的注意，帮助学生把握学习目标；它比较适用于新课内容较少或较易，或者是练习课。

(2) 温故导入

信息技术学科具有较强的系统性，前后连贯，新旧知识之间有着内在的逻辑关系——新知识往往是旧知识的延伸和发展，同时又是后续知识的基础。教师在导入时，抓住新旧知识的连接点，复习以前所学的知识，进行必要的铺垫，以适当缩短学生的已知与未知之间的差距，使新旧知识之间出现合适的梯度。这种导入方式是信息技术教师最常用的一种导入方式。这种导入突出承上启下，提示学生要运用旧知识理解新知识。

(3) 设疑情境导入

设疑情境导入是指教师在新课开始时根据新课的内容，设置一些跟教学内容有关的情境，根据创设情境提出疑问，让学生产生一些疑问，然后带着这些疑问进入新课程的学习中。精心设置的疑问可以引发学生的思考，起到画龙点睛的作用。

(4) 实例情境导入

实例情境导入是指教师讲述与教学内容密切联系的实例，使学生进入学习情境的一种导入方法，实例情境导入中的实例必须是真实的，能够吸引学生兴趣的。

(5) 问题情境导入

问题情境导入是指教师利用学生已有的生活经验、历史知识，巧妙地设计情境进行导入。疑问、矛盾、问题是思维的"启发剂",能使学生的求知欲由潜伏状态转入活跃状态,有利于调动学生思维的积极性和求知欲,是开启学生思维器官的钥匙。

(6)游戏情境导入

游戏情境导入是指教师从学生的兴趣爱好出发,将所要学习的知识点转换成"游戏",通过游戏的感性活动,引导学生在游戏中揭开新知识的"神秘面纱",让学生在富有趣味的实践活动与理论探索中完成学习目标。

游戏导入在形式上以完善"游戏"为动力,通过游戏的不断完善,让学生完成学习目标,获得快乐体验,从而持之以恒地进行学习。游戏导入要从实际出发,使教学内容生动活泼,使学生学有所获。

(7)活动导入

活动导入是指教师组织学生做一个与教学内容密切相关的活动,使学生在无拘无束的活动中不知不觉地进入学习情境的一种教学方法。

3. 课堂导入的设计要求

(1)导入必须服务于教学目标

课堂导入一定要根据既定的教学目标精心设计,它必须服务于教学目标,有利于教学目标的实现,它应当成为完成教学目标的一个必要而有机的部分。

(2)导入必须服从于教学内容

课堂导入或者是教学内容的必要知识准备和补充,或者是教学内容的重要组成部分,或者是有利于教学内容的学习与理解内容,即导入的设计必须服从于教学内容的需要。

(3)导入必须符合学生实际

学生是教学的主体,教学效果要通过学生的学习体现。因而导入的设计要从学生的实际出发,既要考虑学生的年龄、性格特征,又要考虑学生的知识能力水平。

(4)导入必须受制于课型需要

不同的课型,其导入方式显然有所不同,新授课更多的是注重温故知新、架桥铺路，寻求新、旧知识之间的联系；习题课则偏重知识的巩固、应用和拓展；复习课则注重分析比较、归纳总结，形成知识体系，提炼思想方法。

（5）导入必须遵循简洁性和多样性

导入设计要简洁、短小、精炼，一般三分钟左右。另外，要注意多种导入方式的灵活运用和几种导入方式的配合使用。

（6）导入必须注意方法的灵活性

在课堂导入中，"导"无定法，教师应针对不同的教材和教学内容采用灵活多变的课堂导入方式。即便是同一教材、同一教学内容，课堂导入的方法也应因时因地因对象而异，既要具有趣味性又要兼顾启发性。

（二）教学模式

1. 讲授型课堂教学

讲授型课堂教学以陈述性知识的教学为主，教学的主要目标是促进学生对知识的理解，并在理解的基础上促进学生对知识的巩固。讲授式课堂教学强调教师向学生传授大量的系统知识和技能，强调教师在教学过程中主导作用的充分发挥。因此，在讲授式课堂教学之前，教师必须充分做好上课的准备，做到充分理解教材和学生，选择最恰当的教学方法，择优确定多媒体的应用范围与对象，预设一定量的、有价值的巩固练习，做好教学时间的预期分配，突出重点、难点，在此基础上精心设计教案。

在课堂教学过程中，教师必须灵活、充分、恰当地把控教学进程。

2. 练习型课堂教学

练习型课堂教学适合程序性知识的学习、示范。练习型课堂教学过程设计的模式是以学为主的教学模式，模式中突出现代教学媒体的示范作用，学生通过模仿、反复操练，习得知识和能力，最终目的是促进学生将习得的概念和规则在新情境中运用，所以教学设计的第一个重要环节是保证学生习得所教的概念和规则，第二个环节是设计变式练习，使习得的概念和规则转化为知识技能。概念和规则的巩固和转化阶段、应用阶段的教学设计主要应处理好变式练习与反馈的问题，在概念和规则习得阶段的教学设计主要应处理好接受学习和发现学习的关系。

3．探究型课堂教学

探究型学习是指学生在教师的指导下主动发现问题，以一种类似科学研究的方法对问题进行分析和探究，从而使问题得到解决和获得知识的学习活动过程。探究型课堂教学模式主要运用了概念和规则的学习，学生通过教师设置的教学情境，或提出的学习问题，通过列举事实、做试验发现线索，主动归纳总结概念或现象规律，形成归纳能力，最后通过强化练习或情境迁移达到习得知识技能的目的。

4．合作型课堂教学

合作学习的教学过程设计包括学习任务设计、组建学习小组、合作学习活动设计、合作学习环境设计、合作学习资源设计以及学习评价等环节。其中，学习任务的设计、组建学习小组和合作学习活动的设计是合作学习教学过程设计的关键点。

（1）任务设计

合作学习方式适宜较为复杂或较高层次的认知学习任务，适宜绝大多数的情感态度与价值观的学习任务。合作学习的任务设计要求有利于小组成员间的合作和成员的积极参与。合作学习的任务应具有探究的价值和一定难度，是协作学习小组通过相互配合、帮助、讨论、交流能够完成的任务。

要想学生有效地协作学习，必须进行合理的分工。让学生明确协作学习的任务，使他们具有方向感、责任感。每个学习小组应当有明确的小组任务，协作学习小组内部应当根据小组任务进行适当的分工，每个成员承担一定的任务，扮演一定的角色，也就是让小组成员明确自己的个体责任。

（2）组建学习小组

学习小组是由不同个体组成的团体，成员之间相互依赖，彼此之间通过交流而互相影响，具有调节小组成员行为的价值与规范，小组个体根据完成任务的需要扮演一定的角色。组成学习小组的基本要素包括交互作用、小组结构、小组成员数量、小组目标、凝聚力和可变性。正确的学习小组组织策略是保证小组合作学习成功的重要条件,关于小组学习的组织策略主要包括成员之间的彼此熟悉、小组标志、小组成员头脑风暴、小组奖励等。

(3) 合作学习活动设计

合作学习活动主要围绕学习内容开展,并根据学习内容采用不同的活动形式。合作学习常见的活动形式主要有讨论、角色扮演、竞争以及协作等。

(三) 结课与板书

1. 结课

结课是课堂教学进程发展的最后一个教学阶段,因为每一节课都有固定的教学时间,结课就是即将结束的教学时间,下课铃响之前的很短时间的一个课堂教学阶段。教师做好这个短暂阶段的课堂组织工作,对维护正常教学秩序、圆满完成一节课的教学任务至关重要。教学组织做得好,一节课从头到尾就组成了一个完整的教学过程。

2. 板书

板书是一种常用的教学手段,好的板书有助于将教学内容分清段落、表明主次,便于学生掌握教学内容的体系、重点。板书的基本要求是布局合理、提纲挈领、层次清楚、端庄大方。

(四) 提问

课堂提问是师生交流、对话、共同发现、理解知识的重要途径和必备手段。课堂提问能够给学生创设特定的问题情境,让学生学会发现问题、探索问题,培养良好的问题意识。课堂提问是教师引领学生发现新问题、分析解决新问题、实现学生自我建构不可缺少的重要环节。

1. 提问的类型

(1) 回忆提问

回忆提问一般是用于课程初始阶段,教师引导学生回忆前一次的讲课内容，或是需要论证某一问题的时候。回忆提问有两种类型：一种是教师引导学生回忆某个已经学过的事实或概念，要求学生回答"是"或"否"，另一种是要求学生基本上能够按照教材上的表述方法，回答已经学过的事实、概念等。

(2) 理解提问

当教师讲解完某个概念、原理、算法或操作之后，或是在课程结束的时候，可以采用理解提问的方法检查学生对于刚才所学的知识或技能的掌握情况，了解学生是否准确地理解了教学内容。理解提问有助于加深学生对所学知识的理解，发展学生的思维能力。

(3) 运用提问

教师在向学生提问之前，为学生建立一个简单的问题情境，让他们运用刚刚获得的知识或回忆过去学过的知识解决教师提问的新问题。在信息技术课程的有关概念、操作技能的教学中经常需要采用这类提问方法。它不仅要求学生回忆、理解已经学过的知识，而且还能运用于当前的情境之中，解决新的问题。但学生回答这类问题时，教师要给予提示或引导。

(4) 分析提问

分析提问要求学生识别条件与原因，找出条件之间、原因与结果之间的关系，能组织自己的思想寻找根源，进行解释或鉴别。在程序设计的教学中经常需要采用这种方法。分析提问可以分为三种类型：要素分析、关系分析、组织原理分析。

(5) 综合提问

综合提问的作用是激发学生的想象力和创造力，主要包括两种类型：第一是分析综合，要求学生对已有的材料进行综合概括，从而得出结论；第二是推理想象，要求学生根据已有的事实进行推理，想象可能的结论。这类提问适合作为笔答作业和课堂讨论。

(6) 评价提问

评价提问要求学生进行价值判断。在进行这种提问前，应先让学生建立正确的价值观念、思想观念，或给出判断的原则作为评价的依据。

其评价的内容主要有：评价软硬件性能、判断方法优劣、评价作品等。

2. 提问的注意事项

为了使教师的提问能够激发学生获得良好的学习效果，提问时必须注意以下几点：

①所提问题要围绕教学目标，切合学生实际，能激发学生的学习兴趣。

②所提问题要难易适度。

③提问应有开放性，要关注全体。

④问题的设置要有一定的难度，从而最大限度地提高学生的认知能力。

⑤要结合学生的学习和生活实际。

⑥要注意提问的措辞。

(五) 作业

教师布置作业时，应使学生明确作业的内容、方法、要求、完成时间等，通过课外作业，使学生进一步加深对所学知识的理解，培养学生独立运用知识的能力。

1. 信息技术作业设计的要求

(1) 设计趣味性作业，激发学生主动参与的兴趣

信息技术教师需要不断研究学生的认知习惯、心理特征和兴趣爱好，努力设计出形式活泼、富有童趣、可操作性强的课堂作业。设计趣味性的作业能激发和保持学生对信息技术学科的求知欲，使学生积极主动地学习，如饥似渴地探索。

(2) 设计层次性作业，尊重学生个体差异

设计有层次的作业，能充分考虑学生原有学习基础、接受能力等方面的差异，让不同层次的学生都能完成适合自己水平的操作任务，让每个学生都能看到自己的进步，增强自己学习的信心。

设计层次性作业应该从作业的"量"和"质"上进行分层，以保障每个学生通过这些练习基本掌握本堂课的操作要点，客观地反映学生的学习能力。

（3）强调多学科的互动

信息技术课程应该注意带动其他学科的教学。在新课程中强调跨学科教学的重要性，对于整体教学质量的提升是非常有必要的，因此，教师在进行信息技术课程作业的设计时，也要格外留心这一点，有机地结合语文、数学、历史等科目的内容，这样既能依靠其他学科的知识丰富信息技术，又可以使学生在趣味性的学习模式中领略其他学科的精华。

2. 信息技术作业的形式

（1）口头作业

口头作业多用于课内，指主要通过口头回答的形式完成作业。口头作业不仅能及时检验学生的学习效果，还可以提高学生的口头表达能力和语言组织能力，培养学生的逻辑思维和创新思维，实现师生互育与自我教育的和谐发展。口头作业包括通过陈述、复述、答问、口头解释、口头分析、角色扮演、演讲等来完成的作业。

（2）书面作业

书面作业是以纸笔为载体完成的作业。通过"写"作业，既能诊断学生的学习效果，又能了解学生的真实想法，把握学生思想变化，保护学生隐私，尊重学生人格，在创设课堂情境中发挥意想不到的作用。信息技术教师要把握书写的内容，主要应让学生完成以下三个方面的书面作业：写感想、写操作过程、写创作思路。

（3）操作实践作业

操作实践作业适用于课外，是对一个教学内容或单元教学内容的归纳和总结。

①以电子媒体为载体完成的作业

教师让学生制作一个网页、一个动画、一段数码影像，主要考查学生完成各种类型作业的综合操作技能。

②以综合实践活动为主题的作业

教师根据单元知识让学生完成的作业，主要考查学生对单元知识的全面掌握情况。

六、教学实施建议

(一) 重视结合学生经验，突出实践性的作用

信息技术的学习和活动要求学生能够将所获得的操作技能迁移到实际的问题情境中，并能在复杂多变的情境中灵活地运用知识技能，临场生成适当的技术应用方案。因此，对信息技术的学习要注意创设高度真实的活动情境，帮助学生针对实际需要，在复杂情境中掌握实用的知识和技能；同时，要注意设计合适的情境，让学生从不同方面反复理解或进行难度不同的技术实践，帮助学生形成前后贯通的概念结构、掌握易于迁移的操作技能和灵活变通的问题解决方法。

(二) 技术活动与认知活动相互支持，积累操作经验，探究科技奥秘

信息技术的学习既需要学生探究、理解和建构信息技术的有关原理和方法，也需要学生通过信息处理、设计制作作品等技术活动表达自己的创意、想法和认知活动结果。理解和建构等认知活动是进行有效技术操作的前提条件，也是对技术操作的提升与经验总结，更是探究科技奥秘的必要过程，而技术操作是认知活动的外在表达与实践经验。

信息技术教育要注意动手与动脑的结合，引导学生在思考、探究和理解的基础上，创造性地应用技术；在操作过程中，鼓励学生探究原理、总结方法、积累经验。在技术活动与认知活动的互动中培养科技创新精神，提高技术实践能力。

(三) 自主探究与合作交流有机结合，培养交流能力，形成良好的信息意识

信息技术学习不仅需要个体的自主探究和建构，更需要表达交流、讨论合作。信息技术不仅提供了有力的探究和学习工具，还提供了方便快捷的交流工具，计算机网络更是提供了跨时空互动交流的环境，使随时、随地、随需的合作学习和研究成为可能。

信息技术教育要引导学生在自主探究的基础上学会运用信息技术，交流合作分享资料，通过讨论深化理解，通过合作促进社会建构，引导学生学会在合作过程中合理表达个人观点，恰当地应用他人观点，在利用社会公共信息的基础上共享个人的信息资料，培养与信息时代相适应的交流能力和信息共享意识。

（四）活动要兼顾趣味性和挑战性，提高信息加工深度，促进高水平思维

活动的选题要密切联系学生的学习生活经验，开发富有趣味性的活动主题，培养和激发学生探究技术奥秘的好奇心；还要注意活动设计应具有一定的挑战性，以引导学生对信息进行必要的比较、分类、综合等深度加工，并通过理解、分析、推理等高水平思维过程解决问题。

（五）创设多样化、分层次的学习机会，鼓励个性发展和技术创新

各地信息技术设备、师资差异较大，小学和初中阶段开展信息技术教育的情况也不尽相同，高中学生在学习过程中的实践能力和兴趣已经出现较为明显的分化。教师要通过调查充分了解学生已有的学习水平，观察学生的学习兴趣，根据实际情况设立合理的学习起点，开发恰当的学习内容和活动方式，保证各地学生都能在信息技术教育方面得到发展，帮助所有学生做好适应信息社会的准备。硬件条件较好的地区则可适当延长教育时间，开发更丰富的教育内容和更为多样的活动形式。

设立分层次的学习目标和多样化的活动方式。一方面为水平高、发展快的学生留有自主学习的时间和探索实践的空间；另一方面，对于基础弱、发展慢的学生，可采用异质分组、学生互助的方法，变学生的个体差异为学习资源，帮助其逐步适应学习进度，确保所有学生都得到平等的发展，尽量保证学生有机会选择自己感兴趣的内容。

（六）合理选用并探索新的教学方法与教学模式

首先，可以学习、借鉴其他科目的成功经验，根据教学需要恰当地

采用讲解、观察、讨论、参观、实验等方法，做到取长补短。其次，可以吸收国内信息技术教学的成功经验，在继承的基础上大胆改革，探索新的教学方法与教学模式。

要从教学实际出发，根据不同的教学目标、内容、对象和条件等，灵活、恰当地选用教学方法，并善于将各种方法有机地结合起来。任何一种方法和模式的选择和使用，都应该建立在深入理解其内涵的基础上，譬如，"任务驱动"教学强调让学生在密切联系学习生活和社会实际"任务"情境中，通过完成任务学习知识、获得技能、形成能力。因此，要正确认识任务驱动中"任务"的特定含义，在使用过程中要坚持科学、适度的原则；要注意任务的有意义性、可操作性、情境性；任务难度要适当，要求应具体，各任务之间还要相互联系，形成循序渐进的梯度，组成一个任务链，以便学生沿着任务的阶梯构建知识。

第二节 信息技术教学组织调控

一、课堂学习指导

（一）创设教学情况

1. 情境教学的内涵

情境就是为学生参与学习所营造的教育教学环境，情境教学法就是根据教学的实际需求，通过创设丰富多样的情境，把知识有机地融入生动有趣的生活情境中，让学生在愉快的体验中完成学习任务，从而辅助学生理解教材内容，并使学生的心理机能得到发展。让学生感受学习知识是一种享受，一种愉快的学习体验。教学情境可以贯穿全课当中，可以是课的开始、课的中间或者课的结束，情境教学法的核心在于激发学生的情感体验。

2. 教学情境创设的原则

教师在进行信息技术教育教学的情境设计时需要遵循一定的原则。

(1) 生活性

任何知识和技能都来源于生活，又是为生活服务的。教师在教学中，可结合实际生活，将书本知识、操作技能与现实生活相融合，创设生活化的情境，有利于调动学生参与学习的积极性与主动性。

(2) 学科性

信息技术与学科课程整合是教育信息化发展到今天出现的新型教学方法，信息技术与学科课程的整合，抓住了信息技术学科与其他学科之间的联系，实现了信息技术与学科教学的"融合"。

(3) 问题性

信息技术是一门操作性较强的学科，学生习得操作技能后可以做什么？能够解决什么问题？这是每个信息技术教师要着重思考的问题。教师应先告知学生需要解决什么问题，然后让学生通过"探索"，自己寻找到答案，此即"任务驱动"教学法。这种方法最大的优点是激发了学生内在的学习动力，最大限度地释放了学生的创造力和想象力，挖掘了学生的潜力，其根本实质是变"要我学"为"我要学"。

3. 创设教学情境的基本策略

要充分发挥教学情境在信息技术教育教学中的作用，在创设信息技术教学情境时可以采用以下策略。

(1) 寻找和学生生活贴近的真实情境

教学情境的创设一定要结合实际需求，创设合理有效的、真实的、贴近学生生活的情境，才会使学生对情境所涉及的人和事产生移情作用，产生对学习沉浸的效果，自主地建构知识，达到信息技术课源自生活又应用于生活的目的。教师应该立足于学生的生活，留心收集、积累能成为教育教学情境的事件、信息，把生活融入教学当中，使教学面向学生生活。

(2) 寻找学科间整合的有效切入点

信息技术课程的教学把技术性知识学习当作主要内容，教师在教学中很容易出现为了学技术而讲技术的情况，因此，教师可以把学生所学的其他学科知识作为技术知识学习的有效载体。

(3) 提供合作交流的学习情境

现代社会中，沟通与协作的能力是一个有所作为的人所应该具备的最基本的能力之一，在课堂当中创设合作交流的教学情境，既能培养学生的团队意识与合作能力，又能使学生在学习中体会合作互动交流的乐趣。在新课程的背景下，加强小组间分工合作不失为信息技术教育教学的一种优秀的教学方法，同学间的互帮互助，提高了学生的学习效率。

信息技术教学情境的创设将对一节课的效果产生重要影响。把握好以上原则，将促使教师认真钻研教材、反思教学方法，更加关注学生的学习方式和效果，真正以学生为本，创设丰富多样的教学情境，不断提高教师的信息技术教学水平。

(二) 学习兴趣的激发与培养

1. 让学生体验到学习成功的快乐

学习目标的设置应根据学生个人的情况而定。一般来说，目标越具体，兴趣越浓厚，合适的学习目标能让学生体验到成功的喜悦，教师应为学生创造获得成功的机会，成功的经验能使学生建立信心，提高兴趣。当然，学习目标的设置还应该稍高于已有的学习水平，使他们产生适当的内部紧张感，更能调动学生的积极性。

2. 让学生在知识的运用中产生学习兴趣

适当组织学生参加各种课外小组活动或者社会实践活动，使学生进一步体会知识的实践意义，深感自己知识的不足，从而引起新的学习需要，增强学习兴趣，也可以试着改变学生的学习方式，引导学生自主性学习、探索性学习，利用各种有利的合适的时机，开展社会实践，充分利用生活中的实例，带着问题学习。这是一种学生自觉、主动的学习方式，是学生迫切需要的学习方式，也是学生体验成功的学习方式，更是学生高效率的学习方式。

3. 为学生树立榜样，激发学习动力

为学生树立榜样，即通过间接强化激发学生学习动力。由于不同年

龄学生的心理发展水平不同，榜样的设置要符合其"最近发展区"的要求。

4. 创设问题情境，引起学生的好奇心和求知欲

在问题情境的创设中，给学生提出一定的课题，以此激起学生的求知欲和积极的思维活动，将学生的学习活动推入最佳境界。

创设问题情境通常采用以下两种方式。

（1）教师设问的方式

由教师直接提出与教材有关的需要解决的问题，以激发学生的学习需要，使其抱着解决问题的态度进行学习。

（2）活动的方式

让学生通过参加与教学内容有关的活动而产生问题。如在讲新课前，先让学生完成一定的预习性作业或参与某种预备性试验，从中提出使学生感到有趣而又难以回答的问题，就会激起学生学习的好奇心和求知欲。

在创设问题情境时，需要对课题的难度进行评估。只有那种具有适当难度、经过努力可以解决的课题，才会激起学生的求知欲和好奇心。

5. 利用学生的自尊心和好胜心，适当开展竞赛活动

一些实验表明，在学习上开展竞赛是提高学习积极性和学业成绩的有效手段。这是由于学生获得自尊和自我提高的需要在竞赛中表现得更强烈，能产生更大的动力作用，使学生克服困难的能力增强，因而其学习效果比没有竞赛的情况好得多。具体的竞赛办法是提供各种机会，开展多样的竞赛活动，可以按能力或项目分组，使每个学生都能获得成功的体验；竞赛中鼓励学生以往日的自我为竞赛对手，以突破以前的成绩为主要目标，要特别奖励那些进步显著的学生。

6. 改革评价方法

教师对学生学习行为及其结果的评价，对学生学习的兴趣会产生一定的影响。一般来说，客观、公正、及时的评价可以增强学生的自尊心和上进心，能够提高学生学习的积极性。实验表明，学生了解学习结

果，对进一步的学习具有激励作用；教师在评价中采用不同的评语方式和有无评语会产生不同的效果。

(三) 指导学生有效学习

1. 有效学习的构成要素

新课程背景下的有效学习是发生在学生对学习意义的主动建构过程之中的。根据建构主义的学习理论，学生的有效学习可以概括为以下几个方面。

(1) 已有知识经验

学习要建立在学生已有经验的基础上。建构主义认为，学生在进行新内容的学习之前，已经形成了丰富的经验，他们对很多问题和现象都有自己的看法，有自己的理解，对问题解决有自己的认知模式。学生对新内容的学习，是学生原有知识经验的增长和改造。对每个学生来说，其经验世界都是独特的，渗透着自己的个性与风格，学生常常对同一个问题表现出不同的理解、不同的问题解决策略。

有效学习必须联系、凭借已有的知识和经验，而相关的知识经验是学生进行有效学习的基础。

(2) 动机和情境

动机是有效学习的前提和动力，情境是学习动机产生的保证。

建构主义者认为，学习是发生在一定的背景中的，他们强调把所学的知识与一定的真实任务情境相互结合，让学生合作解决情境性的问题。在真实（或拟真）、具体的情境中让学生产生学习动机，主动积极地建构知识的意义。

(3) 多样化的学习方式

情境中的学习应是学生主动、自主选择的一种学习方式。学生在具体的问题或任务情境中，产生学习需求，主动选择学习内容，实现学习的自主定向；情境中的问题解决学习，需要小组同学之间的分工、合作和互助。情境中的学习，问题解决本身具有一定的探究性质，需要学生探究学习。在这样的过程中，学生听讲、读书、实践操作、观察、思考……学生的接受是为了问题的解决,学生在问题解决中又有所发现,在这样的过程中实现学习目标的多元达成。

(4) 全身心参与

全身心参与包括至少三个方面的内容:学习过程中积极的行为参与、积极的情感参与和有效的认知参与。在学生的学习过程中,这三个方面相互作用、相互促进,从而推进学习过程的顺利展开,推动学生素质的全面发展。

2. 有效学习的培养

(1) 积极培养学生的学习兴趣

在教学过程中,教师要创设不同的情境,采取不同形式激发学生的学习兴趣。

(2) 引导学生增强时间意识

要帮助学生明确学习的目标、要求,积极寻找有效的途径和方法,提高学习质量。引导学生关注自己的学习过程,核算每个学习活动所花的时间及取得的成果,进行反省总结,找到适合自己个性特点的快捷而有效的学习方法,节省时间,提高效率。

(3) 引导学生寻找属于自己学习的方法

在学习活动中,要帮助学生分析自身的学习特点以及能力的优势与弱势,使他们懂得如何扬长避短。如一个学生了解自己的视觉记忆要明显优于听觉记忆,意义记忆效果要强于机械记忆,那么,其在学习中会更注重理解性地学习,同时发挥视觉记忆的优势。每个学生个体之间在学习能力上是有差异的,学生能够在与他人的比较中,明确自己在哪些方面比别人强,哪些是自己的薄弱环节,并有针对性地找到适合自己的学习方法。

(4) 要合理利用各种学习资源,提高学习效益

对学生来说,有效地利用信息资源是实现学习目标的重要工具。教师应教给学生获得信息的方法和途径,使学生能根据学习任务主动地获取各类信息,再合理地安排最近的学习内容,详细记录学习时间和学习

任务的完成情况，检查学习效率，从中分析原因，进行调整。

（5）要让学生获得学习的成就感

在教学中应创设积极愉快的氛围，让学生经常体验学习的成功所带来的乐趣，让学生体验成功有多种方式。在学习活动中给学生创造相互学习、相互合作的机会和时间，建立学生之间互帮互教、互相交流的良好互动模式，通过合作小组、结对子等方式，使每个学生主动参与学习中，发挥其学习的主动性、创造性，要让学生体验学习成功的快乐，教师在设计学习目标时，应根据学生的实际情况进行设计。

二、课堂教学组织与调控

(一) 信息技术教学组织

1. 教学组织形式的概念

教学组织形式是根据一定的教学思想、教学目的和教学内容以及教学主客观条件组织安排教学活动的方式。

教学组织形式是为完成特定的教学任务，教师和学生按一定要求组合起来进行活动的结构。

随着社会经济、科学、文化的发展和培养人才要求的不断提高，教学组织形式也不断发展和改进。

2. 教学组织形式的类型

课堂教学是信息技术教学组织形式的重要组成部分。信息技术课程的课堂教学既包括在普通或多媒体教室进行的班级授课，即全班集体授课，又包括在机房进行的班级授课，即全班或分组集体上机。不论是在普通教室或者多媒体教室，还是在机房，都可能在集体教学活动中穿插小组协作学习或者个别指导。同时，信息技术是一门技术性、时代感很强的课程，所以条件允许时，也可以组织现场教学。

（1）班级授课

目前，班级授课是学校教育中占主导地位的一种教学组织形式。班级授课主要适用于那些需要教师系统讲授的知识性的学习内容。信息技术课程的信息技术基础知识包括信息技术与计算机常识、信息技术与计算机发展趋势、计算机系统硬件构成、工作原理、软件系统、计算机如何表示数据、计算机安全、信息道德等都适合采用全班集体授课的教学组织形式。

（2）全班或分组集体上机

全班或分组集体上机是信息技术课程特有的一种教学组织形式。

信息技术课程中的"应用软件操作技能"部分包括文字处理、用计算机画画、多媒体技术、网络应用、数据库内容，还有"基础知识"部分的操作系统等内容，都需要通过上机操作才能学会。所以，在信息技术课程教学中，在机房进行集体授课活动是不可或缺的教学组织形式。

（3）小组协作学习

小组协作学习的组织形式即不完全打破常规班级，仅是根据实际教学需要暂时把一个班级分成若干个小组，由教师规定共同的学习任务并且指导学生分组进行学习。它有以下几个主要特点：第一，在保留常规班级情况下划分小组，进行小组学生的活动；第二，小组是暂时性的，是为适应当时特定的教学活动需要而组建的，例如，为举行讨论而组建；第三，各小组成员也是不固定的；第四，当特定的学习完成时，就结束班内的小组教学形式而恢复为常规班级教学状态。

（4）个别指导

个别指导是教师对个别学生进行指导的教学环节，主要是为了满足具有不同学习能力的学生的个别需要。有的学生其信息技术水平明显高于或低于其他学生，也就是说，当集体教学内容完全不适应这些学生时，教师要给他们以个别指导。对信息技术水平高的学生来说，除了让他们帮助其他学生学习之外，还可以单独为其指定更难的学习内容。而对于跟上大部队都有困难的学生，教师则需要降低对他们的学习要求，使他们只是在自己原有的水平上能有所提高。

（5）现场教学

现场教学就是教师根据信息技术教学的任务，组织学生到有关现场进行教学工作，像机房、网络中心或者施工现场等，比如修路时在地下深埋通信电缆的现场，装修房屋时进行布线的现场等，它属于教学活动的一种组织形式。现场教学的主要特点是：首先，在组织形式上是班级教学，教师同时面对全班学生进行教学；其次，在教学活动形式上，一般采用教师指导学生到事物发生、发展的现场进行学习。班级现场教学的组织形式可把书本知识中说明的现象及其发生、发展、运动、变化等本来的面目生动真实地展示给学生，以使学生置身于自然、社会环境当中，置身于现实生产和生活的体验学习当中。

3. 教学组织策略

教学组织策略是教学系统设计中，经过选择的、针对特定教学主题内容而组织的基本方法，包括教学中具有组织功能的一切策略。

一般地，教学策略分为两类：产生式教学策略和替代式教学策略。

(二) 信息技术教学调控

课堂教学调控是指教师为了保证课堂教学的成功，对教师的"教"和学生的"学"进行适时调控和指导。

1. 课堂教学的调控要素

①调控对象

调控对象包括学生和教师自己。学生是教育教学的主体，应让其充分发挥教育教学的主体作用。教师是施教者，应让其在教育过程中起主导、引导作用。

②作用范围

课堂调控的作用范围是指课堂教学的过程。它是教师在教育教学中对学生和自己超越具体实践活动的、具有广泛概括性和整体性的知觉、体验，它决定了教师在具体的教育教学活动中的自我调节和控制行为。

③发生过程

教师对课堂教学过程的调控分为三种：一是自我检查，教师对自己的教育教学活动进行有意识地、自觉地检查和审视，它是教师对自己教学活动的一种敏捷的反应；二是调节学生学习，教师在自我检查的基础上，对学生的学习过程给予反馈、矫正、调节，使学生更有效、更主动地学习，以便收到更好的效果；三是强化巩固，它是前两者的延续，在这个过程中，教师要主动寻找强化的方式和手段，防止原有疑难问题的重复出现，以期能取得优异成绩，这是调控过程的结束。

④表现形式

在课堂教学过程的不同阶段，教师会通过不同的形式进行调控，如教师课前是以做计划和做准备的方式进行调控的；课堂上是以师与生、教与学两个方面进行调控的；课后是用检测的方法以教的效果、学的效果调控的。

2. 教学调控的作用

课堂教学是教师教和学生学的双边活动，这种双边活动离开调控是不可想象的，调控在课堂教学中起着非常重要的作用。

①融洽师生关系

在课堂教学活动中，融洽的师生关系有利于形成和谐的课堂氛围，从而使教学得以顺利进行。而融洽的师生关系的形成离不开调控主体的调控。因此，有经验的教师总是利用各种手段，不断地进行自我调控和对学生进行适时的调控，用教师良好的精神风貌影响学生、感染学生。通过调控，增进师生友谊，融洽师生关系。

②激发学习兴趣

学生有了学习兴趣，便有了学习的内在动力。学生的学习兴趣不是与生俱来的，而是教师的有效调控激发出来的。有经验的教师能根据所任课程的特点，结合学生的心理状况和知识基础，恰到好处地实施教学调控，从而激发了学生的学习兴趣，获得了良好的教学效果。

③完善教学方法

相同的教学内容可以采用不同的教学方法，不同的教学内容可以采用相同的教学方法，这即是通常所说的"教无定法""学无定法"。在教学活动中，不必拘泥于某一具体的教学方法，而应不断改进、完善教学方法，这就需要借助课堂教学调控。调控主体通过对教学内容和学生现状的分析，及时调整教学方法，即教师通过自我调控完善教学的方法，通过对学生的调控，指导学生完善学习的方法。在教师的调控与学生的反调控以及双方的自我调控的相互作用下，教的方法与学的方法相互影响、相得益彰。

④提高教学质量

课堂教学调控的过程就是通过不断消除教学过程中的消极因素，调动教学主体和教学客体的各种积极因素的过程，从而使教学活动始终处在最佳状态，教学质量不断提高。

3. 课堂教学的学生调控

教师要善于调动学生的主观因素以积极参与教育活动，要善于了解学生的思想状况，对学生深层的思想做出准确的判断和分析，并在此基础上采取行之有效的措施进行教育管理、因此教师一定要有调控学生思想教育的能力。实际上，学生在教师指导下的学习心理过程是一个接收指令以后自我发动和自我控制的过程，可以把学生接收教师指令以后的自我调控称为教学过程调控的学生调控。在学生调控中，学生是主体，教师的调控必须通过学生的调控才能实现预定的目标。

4. 课堂教学的教师调控

教师是课堂教学活动的组织者、领导者，在活动中起着主要作用。教师能否对自己进行良好的调控，直接关系到课堂教学活动的成败。教师自己的调控是指教师对学生的认知活动和情境活动进行调控，在教师自己的调控过程中，教师是调控的主体，教学目标、组织自学、展开过程、当堂训练、反馈矫正等教学活动都是在教师的指导下进行的，也就是说，教师的调控是通过学生的调控实现教学目标的。

5. 课堂教学的情境调控

课堂教学活动是一定社会情境中的社会实践活动，长至一个学期，一个学年；短至一节课，一次师生谈话，都是在一定或一系列的情境中开展的。情境直接关系教育教学活动的成效。教师对情境的控制是教师能力结构的一个重要内容。情境由物理空间和社会气氛构成，前者表现为一定的环境和场合，教师要善于利用合适的物理环境增强教育效果；后者表现为师生之间、生生之间的心理状态的交互碰撞。这就要求教师具备组织协调能力，以组织学生集体、协调师生关系，教师面对的教育对象通常是以集体形式出现的班级或以个体形式出现的学生，组织好学生集体、学生个体是保证教育教学活动顺利进行的必要前提。同时，具有教育意义的社会气氛的来源是教师和学生，协调好两者关系是形成适当的社会气氛的必要条件。

6. 课堂教学的目标调控

教学目标在课堂教学中起统领作用，一切的课堂教学活动都服务于教学目标，所以对教学目标的调控就抓住了教学过程的关键。教师运用教学目标对自己和学生的调控应从以下几个方面做起：

①强化目标意识

在课堂教学过程中，教学目标对教学活动起着导向、激励、评价的作用。教学目标是教学活动的出发点，也是教学活动的归宿。

②切实定好目标

每上一节课、每教一个单元，都要切实拟订全面、适度、明确、具体的教学目标，这是教学取得成功的关键。

③真正落实目标

在教学过程中，教师要一步一步地落实教学目标。

7. 课堂教学的反馈调控

反馈调控是指系统输出的信息作用于被调控对象后，所产生的结果再输送回来，并且对信息的再输出产生影响的过程。反馈调控是通过反馈实现的、有目的的活动。教师要实现对教学过程的有效调控，就必须通过反馈系统适时回收教与学产生行为后的结果信息。

①学习新课前的反馈

安排复习旧知识的环节，通过提问、测试等方法，了解学生对学过的知识的掌握情况，并采取相应的措施补救，为学生学习新知做好准备。

②学生是否主动参与学习的反馈

教师要始终关注每个学生学习的积极性是否被调动起来了，学生是否参与了教学过程。

③学习新课时的反馈

教师要边指导边回收全班学生不理解或未能掌握的技能的信息，针对学生未能掌握的技能进一步练习。只有这样的教学才适合学生，才能收到实际效果。

④学习新课后的反馈

通过练习对学习的新课进行巩固和运用，也是教师和学生对教与学结果的重要反馈。正确的做法应该是让做对的学生和做错的学生举手讲清错误所在；如果错的学生多，说明问题普遍，教师应当立即进行补充讲解，予以纠正；如果仅是个别出错，教师可课下再找时间矫正。

⑤反馈调控时需注意的问题

反馈面要宽；反馈要快捷；补救措施要跟上；重视再反馈；认真总结反馈。

(三) 信息技术课堂偶发事件的处理

1. 课堂教学偶发事件

课堂教学是一个多要素构成的动态系统，在其过程中，会出现一些教师意料不到或突如其来的教学情境，这就是偶发事件。这就需要教师运用教育机制，恰当调控和恰当处理，才能保证教学的顺利进行。

2. 课堂教学偶发事件的处理方法

(1) 趁热加工法

趁热加工法是指在课堂教学中，当偶发事件发生时，教师应抓住时机，马上给予处理，趁热打铁，以取得最佳教育效果。

(2) 暂时悬挂法

暂时悬挂法就是对教室里发生的偶发事件采取淡化的态度，暂时"搁置"起来，或是稍作处理，留待以后再从容处理的方法。

（3）巧用幽默法

在教学过程中，总有学生提出这样或那样让教师暂时无法回答的问题。为了教学能够继续进行，教师应巧用幽默处理偶发事件，发挥幽默的独特魅力，这样不仅可以让教师从容地面对当时的状况，而且会给学生留下难以磨灭的印象。

（4）因势利导法

所谓"势"是指事情发展所表现出来的趋向。处理偶发事件时，要注意发现和挖掘事件本身所表现出来的积极意义，然后顺势把学生引向正路，或逆势把学生拉向正轨。

（5）爱心感化法

作为教师，应坚信每个学生都是可以教育好的，在处理偶发事件时，注意把严肃、善意的批评与信任、鼓励结合起来，把"尽最多的要求"与"尽可能多的尊重"结合起来。

第三节　信息技术教学评价和反思

一、信息技术教学评价

（一）信息技术学生学习评价

1. 信息技术课程学习评价类型

依据不同的分类标准，教学评价可作不同的划分。譬如，按评价基准的不同，教学评价可分为相对评价和绝对评价；按评价功能的不同，教学评价可分为诊断性评价、形成性评价和总结性评价；按评价表达的不同，教学评价又可分为定性评价和定量评价等。

（1）按评价基准分类

按评价基准分类，教学评价可分为相对评价和绝对评价。

①相对评价

相对评价是在被评价对象的集合中选取一个或若干个个体为基准，

然后把各个评价对象与基准进行比较,确定每个评价对象在集合中所处的相对位置。为相对评价而进行的测验一般称为常模参照测验,它的试题取样范围广泛,测验成绩表明了学生学习的相对等级。由于所谓的常模实际上近似学生群体的平均水平,所以这种测验的成绩分布符合正态分布规律。

利用相对评价来了解学生的总体表现和学生之间的差异或比较不同群体间学习成绩的优劣是相当不错的。

②绝对评价

绝对评价是在被评价对象的集合之外确定一个标准,这个标准被称为客观标准。评价时把评价对象与客观标准进行比较,从而判断其优劣。评价标准一般是教学大纲以及由此确定的评判细则。

绝对评价的标准比较客观。如果评价是准确的,那么评价之后每个被评价者都可以明确自己与客观标准的差距,从而可以激励被评价者积极上进。

(2)按评价功能分类

按评价功能分类,教学评价可分为前置评价、过程性评价、总结性评价、自我评价、他人评价和教师评价。

①前置评价

前置评价就是在教学活动开展之前、为判断学生的前期准备状况而进行的教学评价。前置评价也称教学前评价或诊断性评价。它要解决的问题包括三个方面:第一,学生是否已经掌握了参加预定学习活动所需要的知识与技能;第二,学生在多大程度上已经达到了预期的学习目标;第三,学生的兴趣、学习习惯及其他相关因素说明应该采用何种教学方式才最适合他们。

②过程性评价

过程性评价就是在教学活动过程中进行的评价活动,它主要有形成性评价、表现性评价、学习行为评价、操作过程评价、作品评价和电子学档评价等形式。

第二章　高中信息技术教学实施与评价

A. 形成性评价

形成性评价在教学过程中进行，往往是在某一个知识点或者单元教学将要结束时进行，它主要用来让教师了解学生对刚刚学过的那一小部分内容的理解和掌握的程度。依据形成性评价的结果，教师要特别注重强化学生学习的成功之处，随后明确、具体地指出学生学习过程中需要改进的地方。

B. 表现性评价

信息技术课程的教学目的主要是培养学生获取信息、分析信息、加工信息、传递信息与表达信息的能力，涉及多种软件和技术的综合运用，比如字表处理、多媒体作品制作、图形图像处理、网页制作、算法设计与高级语言编程、数据库系统构建等，都适合采用表现性评价方式。

C. 学习行为评价

学习行为评价要求实时记录学生学习过程中的各种行为，包括学习习惯、自主学习与合作学习的表现等。学习行为评价是为关注过程的学习评价提供数据的有效方法。学习行为评价主要针对情感态度和基本知识与基本技能两个方面。

情感态度方面以学习习惯、自主学习、合作学习等为一级指标，再列出相应的二级指标，如下表所示，这个评价在小组内进行，可以每四周做一次，小组填写完评价表以后，交给教师阅读并保存。教师自己也应该对学生平时这些方面的表现进行详细的记载。

关于基础知识与基本技能方面的学习行为评价，首先，要求学生识记或理解教材中所涉及的关于信息、信息技术、计算机的硬件、应用软件的使用等一般知识，即信息技术学科中的基础知识部分。其次，要求学生学会各种应用软件的基本操作，并能够综合应用。再次，要求学生理解算法与程序设计语言规则，并能编写实现一定功能的程序。这个评价也可以在小组中进行。

D. 操作过程评价

操作过程评价，主要是针对学生完成具有一定综合性的任务的过程而言。它侧重评价学生的学习态度、制作计划、协作表现、独立思考能力、信息技术应用水平、学习效果等。

E. 作品评价

作品评价是着眼于学生完成的作品,侧重评价作品的设计、创意、技术水平等。

F. 电子学档评价

学习档案袋用来记录学生自己、教师或同伴做出评价的有关材料,包括学生的作品、反思,还有其他相关的证据与材料,以此评价学生学习和进步的状况。在信息技术课程中,教师让学生把这些信息都记录在电脑里,记录在自己的学习文件夹中,通常又称为电子学习档案,简称电子学档。电子学档记录学生在某一时期的成长足迹,是评价学生进步过程、努力程度、反思能力及其最终发展水平的理想方式。

电子学档有着以下重要意义,首先,它让学生通过自己全程参与评价,为学生进行学习反思、判断自己的进步与努力程度提供了机会。因为学生有权决定自己电子学档的内容,特别是在作品展示或过程记录中,由学生负责判断提交作品或资料的质量和价值,从而拥有了判断学习质量、进步过程、努力情况的机会。其次,电子档案最大限度地为教师提供了有关学生学习与发展的重要信息,既有助于教师形成对学生的准确预期,方便教师检查学生学习的过程和结果,更是将评价与教育、教学融合在一起,与课程和学生的发展保持一致,提高了评价的效度。

③总结性评价

总结性评价又称为终结性评价,是指在教学活动结束后为判断其效果而进行的评价,包括一个单元、一个模块,或一个学期、学年、学段的教学活动结束后对最终效果进行的评价。它是对教学目标达到程度的判断,同时也为判断教学目标的适当性和教学策略的有效性提供了依据。信息技术与其他科目不同,在总结性评价上,上机操作测验是必不可少的部分。信息技术课程的总结性评价上要有两种方式:第一种是纸笔测验与上机操作测验,第二种是计算机支持的信息考试。

第二章　高中信息技术教学实施与评价

④自我评价

自我评价是指在教师的指导下，以学生自己为中心，对自己的学习情况和结果进行自评和自查。一方面通过自评，可以将自己的现在与过去进行比较，确认自己的进步；另一方面通过自查以及与优秀作品进行比较，发现自己的不足。学生的自我评价有利于形成自我监督、自我管理、自我发展的能力。自我评价可以使学生主动反思自己的学习过程，寻找问题，关注自己在原有基础上的进步和发展。在自评结果与同伴评价的对照中，能发现自己的不足，从而向同伴学习，促成自己长足的进步与发展。

⑤他人评价

他人评价在信息技术教学过程的体现之一就是同学间的互评。这种评价在评价标准比较明确的情况下，可以得出相对客观的结果，且能够锻炼学生的判断能力。

在信息技术课程教学实施时经常使用小组评价，即学生的学习成果在学习小组中展示并受到小组成员的评价。在评价过程中，首先看被评价者的自我阐述和个人评价情况，接下来对其所做的阐述与作品按照评价标准进行评价，最后让小组成员协商确定该学生的成绩和填写评语。这种评价有利于学生两方面的发展：一方面有利于学生个性的发展，在评价过程中学生作品的每一个细节都将受到关注，这样学生的每个特点都将得到证实，通过这样的评价，学生可以对小组的评价进行自我的反思，从而创造更完善的作品；另一方面有利于学生自我的发展，通过评价别人的作品，能够提高自己的分析能力，在评价中发现别人的优点，从而提高自己。在同伴之间的互评中，每个人的主要职责不仅是评价对方的优劣，更是互相学习，取长补短，意在发现不足之处，要提供帮助，发现对方的长处，要及时学习。

⑥教师评价

在评价过程中，对于评价良好的学生，教师应该加以鼓励，使他们能够感受到学习的成就感，加强他学习的动力，再接再厉，最终圆满完成学习任务。对于有独特见解的学生，教师要合理加以引导，既让学生的个性有充分发挥的空间，又应促进其积极向上地发展。如果发现学生的见解或做法有推广的价值，教师就及时做出总结，并向全体学生介绍。教师对学生的评价，更重要的是通过对学生作品的评价、结合学生自我评价的分析以及小组评价的结果，对学生自评与小组评议进行评定，并根据各方面综合的情况，针对学生的最终学习成绩给出评价。教师的评价应将激励性言语评价与等级评价相结合，以提高学生的积极性、促进学生的发展为主要目标进行。

（3）按评价表达分类

①定性评价

定性评价是对评价资料作"质"的分析，是运用分析和综合、比较与分类、归纳和演绎等逻辑分析的方法，对评价所获得的数据、资料进行思维加工。分析的结果有两种：一是描述性材料，数量化水平较低甚至毫无数量概念；另一种是与定量分析相结合而产生的，包含数量化但以描述性为主的材料。一般情况下定性评价不仅用于对成果或产品的检验分析，更重视对过程和要素相互关系的动态分析。

②定量评价

定量评价则是从"量"的角度，运用统计分析、多元分析等数学方法，在复杂纷乱的评价数据中总结规律性的结论。由于教学涉及人的因素，各种变量及其相互作用关系是比较复杂的，因此为了提示数据的特征和规律性，定量评价的方向、范围必须由定性评价规定。可以说，定性评价和定量评价是密不可分的，两者互为补充、相得益彰。

2. 学习评价的原则

（1）客观性原则

新课标要求评价应客观真实，给予教师的教和学生的学以客观公正的价值评定。所以评价应做到标准客观，具有统一可供化的评价标准；方法客观，不因学生原有基础的差异而造成评价的差异；态度客观，评价内容不受评价者主观因素的影响。

(2) 多主体性原则

新课标要求评价需体现学生在评价中的主体地位，强调学生主动参与评价的作用和重要性。所以，教师在评价时需注意评价的多主体性，可以通过学生自评、小组评价、他人评价和教师评价相结合的方式促使学生积极主动地参与评价。

(3) 全面性原则

根据新课程要求，评价内容要与课程目标相匹配，不仅要注重学生对知识与技能的理解和应用，还要关注学生学习过程与方法、情感态度与价值观的培养和提高。全面评价学生的各个方面，综合培养学生信息技术素养。所以，评价应全面而综合。

(4) 发展性原则

新课标要求评价要在传统教学的基础上注重发挥评价的教育、激励功能，使得学生不断进步和发展。这就要求教师用发展的观点、思想评价学生，对不同的学生在学习活动中的点滴进步都给予肯定，鼓励他们的努力。特别要注意学生的个体差异，发现不同层次的学生在原有基础上的变化。

(5) 多元和多样化原则

新课标要求评价内容多元化，评价方式多样化，根据学生的个性化差异进行评价，所以教师要根据评价内容和评价主体的不同而选择相异的评价方法，通过将过程性评价与总结性评价有机结合的多样化评价方式，促进学生学习，提高评价的有效性。

3. 信息技术评价的内容

(1) 综合运用各种过程性评价方式，全面考查学生信息素养的养成过程

信息技术课程在进行过程性评价时，应针对不同评价内容和相应的课程目标，适当选择和灵活运用评价方式，适当渗透表现性评价的理念，以学生在信息技术操作或运用信息技术解决实际问题过程中的表现

◎ 高中信息技术生态课堂实践探究

和成果作为评价依据，全面评估学生在信息技术操作能力、运用信息技术解决实际问题的能力以及相关情感态度与价值观的形成。要正确理解过程性评价的特点，切实发挥过程性评价的功能，就要处理好以下关键环节。

①根据教学目标制定科学的评价标准和评价量规

首先应根据评价内容和相应的教学目标明确具体的评价目的，然后根据评价目的确定评价标准。应将评价标准进一步分解为评价指标，并对评价指标进行量化，构建规范的评价量规。在制定评价标准或评价量规时，首先要根据评价目的划分能客观反映有关学习过程和结果的重要维度或重要方面，然后为每个方面制定不同水平的评价等级。必要时，可以为不同的指标制定不同的权重。对于比较重要的指标，要在正式评价之前挑选部分学生进行预试或预测验，考查评价指标是否合适，并进行调整和修改。评价量规的指标要全面、精练、可行，可以组织学生参与制定量规，或者在评价前向学生说明评价量规和评价标准，以引导和激励学生的学习。

例如，要求学生就某一主题分组合作开展研究，研究结束后要求学生制作多媒体演示文稿展示研究结果并进行口头报告。对此，可以从以下方面制定评价量规。

第一，对研究主题的理解和表现：包括观点是否准确，论证是否清楚；内容是否全面，能否包括任务要求的所有基本主题及其他相关主题；主题内容逻辑顺序是否清楚，重点是否突出；主题的表达能否引发思考和探寻更多信息的动机等。

第二，多媒体作品制作水平：包括能否准确、合理地应用声音、动画、视频等多媒体素材表达主题；整体布局是否平衡合理；页面设计是否与主题风格一致，界面是否美观并具有一定的艺术性，图片、动画的使用是否合理并有助于理解相关文本；是否提供了用于导航和检索的目录页和准确的链接；是否体现了学生的技术创新和创造性，例如，能将

第二章　高中信息技术教学实施与评价

以前学到的信息技术知识、技能创造性地运用到当前任务中,或根据任务主动学习和应用新的信息技术等。

第三,口头报告:语言是否准确、生动;表达是否条理清晰,易于理解;能否根据听众的特点灵活地使用信息传递和交流技巧。

第四,小组协作:分工是否明确;小组成员能否在完成各自任务的同时相互合作,共同完成任务。

②通过日常观察或设置真实任务搜集评价资料

在信息技术课程的过程性评价中,可以通过现场观察、档案袋或成长记录的方式,系统客观地观察和记录学生在自然情境中的真实表现,也可以设置特定的作业、项目或任务激发引导学生某种特定的行为,搜集有价值的评价信息。用于过程性评价的作业、项目或任务应指向具有普遍意义的目标,任务应该是多层次的,可考查学生综合的信息素养;任务应密切联系学生的学习或生活实际;任务对所有学生都应是公平的。

信息技术课程中设计的任务主要以典型作品设计和项目型作业或实践活动为主。

③评价结果的处理

评价结果既可以针对某一学生的整体表现进行全面分析,也可以针对学生在不同方面的表现分别进行分析。评价结果中的分数或量化结果主要提供有关学生表现水平的参考依据,必须将这些量化结果与定性分析相结合。在使用评价结果时要注意考查不同评价者的评价结果是否一致,如果出现较大差异,应注意分析其中的原因,减少评价者的主观因素对评价结果的影响。

(2)评价与教学过程相结合,动态把握、及时引导学生情感态度和价值观的形成

学生对待信息技术的态度、信息技术的使用习惯以及在信息活动中表现出的社会责任感和价值观是在学习和使用信息技术的活动中逐渐形

◎ 高中信息技术生态课堂实践探究

成的。教师应结合具体的教学过程，通过适当的过程性评价方式动态把握、及时引导。对情感、态度、价值观的评价，最终要落实为教师对学生的适时预防、关怀或引导。

（3）纸笔测验和上机测验相结合开展总结性评价

应正确认识期末考试等总结性评价的作用和功能。期末考试的主要功能是考查学生所学模块的基础知识、实际操作技能和利用信息技术解决实际问题的能力，诊断本学期教学存在的问题，帮助教师和学生改进随后的教与学活动。

在组织期末考试等总结性评价时，要根据课程标准的要求和具体考试内容选择合适的题型和考试方式，综合运用纸笔测验、上机测验等多种评价方式；要创造条件全面考查学生信息素养的协调发展；要注意结合学生平时学习表现和过程性评价结果，改变单纯以一次测验或考试为依据，评定学生一学期或整个学段学习情况的局面，适度加大过程性评价在期末成绩评定中的比重。

纸笔测验和上机测验各有所长，适合不同的评价内容和目标，应相互补充、综合运用。纸笔测验的效率较高，适于短时间内对大量学生进行集中考查，适于考查学生对信息技术基础知识的掌握和理解。信息技术的纸笔测验，要控制选择题、填空题等客观题型的比例，适度设置和增加要求学生通过理解和探究解决的开放性题目，如问题解决分析、作品设计、论文写作等，以拓展纸笔测验在评价内容和评价目标等方面的广度。上机测验是信息技术课程总结性评价中不可或缺的重要组成部分。可供选择的上机测验主要有两类：一类是通过实际操作完成的独立任务，如软件操作水平测试、作品设计与制作等；另一类是综合任务中的上机环节，如利用信息技术进行项目研究过程中的上机活动。期末考试等总结性评价一定要安排上机测验，设置一定比例的联系实际的设计、制作或其他类型的信息处理任务，以评价学生使用信息技术工具或软件的熟练程度，测查学生利用信息技术解决问题的过程、方法和能力。教师和有关机构要针对具体评价目的，灵活选用上机测验的题型和考试方式。

(二) 信息技术教师教学评价

1. 教学评价的含义

教学评价是依据教学目标对教学过程及结果进行价值判断并为教学决策服务的活动，是对教学活动现实的或潜在的价值作出判断的过程。

（1）教学评价的标准

①教育目标是否全面实现

教学工作最终在于实现教育目标，教学评价要以学生的培养目标为依据，从具体学科的实际出发衡量是否达到了培养目标相关部分的要求。

②教学任务是否全面完成

教学任务是由多方面、多层次的教学目标组成的，包括国家制订的课程计划、教学大纲、教学要求等。所有学科都要加强基础知识和基本技能的教学，同时还要重视培养和提高学生的能力，并根据各门学科的特点进行思想教育，促进学生个性心理品质的健康发展，完成认知领域、情感领域、动作技能等方面的教学任务，要从学科和年级的实际出发，全面评价教学任务完成的情况。

③教学效果是否显著

是否全面实现教育目标、完成教学任务，要看教学效果是否显著，这是从结果方面做出评价，在评价教学效果时，要看学生学习成绩是否有明显进步，及格率、优秀率在原有基础上是否有较大的提升；学生掌握和运用知识的能力是否明显提高，智力是否得到了良好的发展；学生是否形成了良好的学习习惯，是否掌握了本学科的学习方法，动机兴趣是否得到了发展，形成生动、活泼、主动的学习局面；学生、教师、家长对任课教师的教学工作是否给予充分肯定、评价等。对教师教学效果的评价，要在全面观察了解、比较分析、占有充分材料的基础上进行。

(2) 教学评价的范围

教学评价的范围主要包括教学环节和教师的教学素质两个方面。

①评价教学环节

评价教学环节应从以下五个方面进行。

A. 备课。教师对课程标准、教材钻研是否深入，对学生的实际情况是否了解，教材的组织是否合理，教学方法是否恰当等。

B. 上课。教学目的是否明确、具体，教学内容是否具有科学性、思想性，教学方法是否具有启发性、艺术性，教学组织得是否合理，课堂教学的实际效果是否达到预期等。

C. 作业批改。作业设计是否科学，习题设计是否典型，习题设计质量是否高，作业的数量是否适当，作业批改是否及时、细致、认真等。

D. 辅导。教师是否能够针对不同学习情况的学生进行辅导，是否达到辅导效果，是否能够有计划地组织学生开展课外活动，活动质量是否高。

E. 学习成绩考查。命题是否科学、合理，评分是否公平、合理，是否能够认真讲评考察结果等。

②评价教师的教学素养

评价教师的教学素养应从以下三个方面进行：

A. 教学水平。是否其有相当广度和深度的知识，是否具有教师必备的能力，教学是否具有创造性等。

B. 教学态度。是否热爱教育事业、教师职业，是否喜爱学生，教学工作是否认真负责等。

C. 思想修养。是否具有较高的思想道德修养，是否善于以身作则，结合教学内容教书育人等。

2. **教学评价的原则**

(1) 强调评价对教学的激励、诊断和促进作用，弱化评价的选拔与甄别功能

在信息技术教学过程中，应通过灵活多样的评价方式激励和引导学

第二章　高中信息技术教学实施与评价

生学习，促进学生信息素养的全面发展。教师在向学生呈现评价结果时应多采用评价报告、学习建议等方式，多采用鼓励性的语言。教师在了解学生的学习和发展状况的同时，也要利用评价结果反思和改善自己的教学过程，发挥评价与教学的相互促进作用。

(2) 发挥教师在评价中的主导作用，创造条件实现评价主体的多元化

教师应注意发挥在信息技术评价中的主导作用，同时充分利用学生的评价能力，适时引导学生通过自我反思和自我评价了解自己的优势和不足，以评价促进学习；组织学生开展互评，在互评中相互学习、相互促进、共同提高。评价结束后，教师应及时收集评价信息、统计、归纳评价结果，并尽快反馈给学生和参与评价的有关人员。

(3) 评价要关注学生的个别差异，鼓励学生的创造精神

高中学生学习和应用信息技术的能力水平、学习风格和发展需求等方面的差异很大，信息技术课程的评价要正视这种个别差异。信息技术课程的评价标准和评价方式的确定和选用，要在保证达到最低教学要求的基础上，允许学生通过不同的方式展示自己。

3. 教学评价的作用

(1) 诊断作用

对教学效果进行评价，可以了解教学各方面的情况。全面客观的评价工作不仅能估计学生的成绩在多大程度上实现了教学目标，而且能解释成绩不良的原因，并找出主要原因。可见教学评价如同身体检查，是对教学进行一次严谨的科学的诊断。

(2) 激励作用

评价对教师和学生具有监督和强化作用。通过评价反映教师的教学效果和学生的学习成绩。经验和研究表明，在一定的限度内，经常进行记录成绩的测验对学生的学习动机具有很大的激发作用，可以有效地推动课堂学习。

(3) 调节作用

评价发出的信息可以使师生知道自己的教和学的情况，教师和学生

可以根据反馈信息修订计划，调整教学的行为，从而有效地工作以达到所规定的目标，这就是评价所发挥的调节作用。

（4）教学作用

评价本身也是一种教学活动，在这个活动中，学生的知识、技能将获得长进，智力和品德也有进展。

教学评价的方法有测验、征答、观察提问、作业检查、听课和评课等。

4. 教学评价的要求

①明确多次评价的目的和评价对象，以解决评价的方向性问题。

②明确每次评价的内容，评价的具体目标。

③明确为评价而准备的条件。

④对评价资料进行客观、科学的判断。

5. 教学评价的功能

（1）导向功能

教学是有目的、有计划的活动，而教学评价是检测教学目标的实现成效，并做出相应的价值判断以求改进的一种工作过程。从某种意义上说，教学评价也体现着"指挥棒"的作用。通过持续的教学评价，可使教学活动的过程朝着特定的教学目标迈进。因此，教学评价对学校实现一定的培养目标具有明显的导向作用。

科学合理的教学评价是一个系统，其中的每一大项中又分列出若干细项，这些细项所反映的现象是具体明确的，具有可操作性。它可使评价者易于观察比较，也可为改进教学提供看得见、摸得着的标准，而这些都体现了教学评价的导向功能。

（2）调控功能

教学评价的结果是一种反馈信息，它为调节教学活动、使教学能够始终有效进行提供了依据。这种信息可使教师及时了解、掌握自己的教学情况，也可使学生得到成功和失败的体验。通过分析这些信息，教师修订教学计划、改进教学方法、完善教学指导、进行自我调节、加强自我修养，从而间接地提高学生的学习效果；学生据此变更学习策略、改进学习方法、增强学习的自觉性。

此外，教学评价使教学过程成为一个能得到反馈调节的可控系统。系统中的学生与教师分析研究反馈信息，可进一步明确教学目标，了解目标的实现程度和教学过程中采取的形式与方法是否有利于促进教学目标的实现。同时，这些反馈信息为师生调整教与学的行为提供了客观依据，从而有效地使教学效果越来越接近预期的目标，这就是评价所发挥的调节作用。

（3）诊断功能

评价是对教学结果及其成因的分析过程，据此可了解到各方面的情况，从而判断其中的成效以及自身优势、长处与特色。

全面的评价工作不仅能估计学生的成绩在多大程度上实现了教学目标，而且能解释成绩优良的原因及教学过程中各要素的主次点。教学评价是对教学现状进行的一次严谨的科学诊断，以便为教学的决策或改进指明方向。它是通过结果对教学活动进行控制、评价、鉴定，从而使教学活动逐步向目标靠近的过程。

（4）激励功能

教学评价是对教师和学生的学习效率、学习成果的鉴定和审查。评价对教学过程起监督和控制作用，对教师和学生则是一种促进和强化。评价结果在一定程度上刺激并激发学生的竞争意识，激励其按特定的教学目标要求规范自己的行为。教学评价的开展促进了竞争机制的引入，它不仅有利于激发和调动广大教师和学生的积极性，而且在一定程度上促使他们自觉调控行为，使其符合相应的规范教学目标。

（5）教学功能

教学评价本身也是一种教学活动，在这种活动中，学生的知识、技能将获得提高。教师可在对学生水平进行全面估计的前提下，将学习内容以测评的形式呈现，并使其包含有意义的启示，让学生通过探索和领悟获得新的学习体会和经验，以达到更高的教学目标。教学评价的教学功能主要体现在促进教学进步、改进教学组织管理、促进教学改革和教育科研发展等方面。

(三) 信息技术教学评价工具

课堂教学中的教学评价通常是借助一定工具展开的。教学评价的工具是教学评价的主体,是在进行教学评价工作时常用的一种评价技术,是对评价对象进行测定时所采取的方式和手段,常见的教学评价工具包括考试、量规、学程记录袋等。

1. 考试

考试过去一直被认为是检查学生学习质量的一种方法,从教学评价角度看,它只是进行教学评价时应该借用的一种重要工具。学生的学习质量应该包括对知识的理解、掌握、记忆和应用,同时还应包括能力的发展水平以及科学态度的形成等。

在信息技术教学评价时,应当努力改善考试和测验的途径,优化考试和测验的各个环节,保证考试和测验的有效性和科学性。为此,在编制试题时要加强计划性,明确编题计划,构建考试和测验的双向纲目表。为了克服考试和测验中的缺点,需要采用多种命题形式,保证评分的客观性,积极组织标准化考试和测验。标准化考试和测验的特点是:试题取样范围大、效度高,试题简单、明确,评分客观、准确,从命题到测验再到评分,各个环节都努力排除了无关因素的影响。

2. 量规

(1) 量规的定义

量规是一种结构化的定量评价标准,往往是从与评价目标相关的多个方面详细规定评级指标,具有操作性好、准确性高的特点。在信息技术与课程整合中,学习过程往往是以学生为中心的,最后的学习结果则往往是电子作品、调查报告、观察心得等。这就要求相应的评价工具不但要关注学习过程,还要具有操作性好、准确性高的特点。量规是从与评价目标相关的多个方面详细规定的评价指标,只要设计者掌握一些设计要旨,设计出来的量规完全可以胜任此类评价。

(2) 量规的特点

量规是基于绩效的评价,它与课程或学习标准紧密结合,充分运用特定的标准形成多主体、多维度评价,适用于多样化学习活动效果的评

第二章 高中信息技术教学实施与评价

价。在日常教学中，设计一个量规并不难，难的是量规设计的效用性问题，亦即所设计的量规是否最适合当前教学评价的需求，是否有实际价值或操作性。根据相关研究，一个高效用的量规具有如下特点。

①量规应当包含影响评价绩效的所有重要元素，并具有"约定性"。

②量规的评价元素应当根据教学目标需求、学生认知水平和学习环境特点进行合理设置，教学目标的不同决定了量规评价元素的差异性。

③量规评价元素的权重设定应当根据教学目标的侧重点和重要性而有所区别。

④量规中的评价等级应当是明显的、全面的和描述性的，描述性的语言应当是具体的和可操作的。

⑤量规中的每个元素都是不可再分的。

⑥量规能够作为教师与学生有效交流的媒介。

(3) 量规的使用

在使用量规时，应当考虑和掌握以下几个方面：

第一，合作开发量规。教师与学生合作开发量规，不仅有利于充分调动学生积极参与、提高学生的责任感，学会自我评价乃至学会学习，而且有利于学生体验或思考优秀学习绩效标准。

第二，事先公布量规。在学习活动开始之前向全体学生公布量规，鼓励学生使用量规，有助于引导学生按照量规标准指导他们的学习过程，提高学习的目的性和针对性。

第三，提供优秀范例。在呈现量规的同时，最好给学生提供一个或多个优秀的学习范例，为学生的学习提供模仿的榜样或思维的线索，并在恰当的时候与其他评价工具配合使用。

第四，提醒量规要求。在学习过程中，教学必须随时提醒学生注意量规的要求，使学生按照量规标准有意识地计划、实施和反思自己的学习进程。

第五，运用成规反思。量规是教师和学生计划学习进程、选择学习策略、反思学习结果等活动的重要依据。

第六，促进专业成长。设计、开发和使用量规是促进教师专业发展的一种有力工具。

3. 学程记录袋

学程记录袋是较早被介绍到我国的一种质性评价方法,也是现在少数在教学实践中付诸实施的质性评价方法之一。

学程记录袋又被称为档案袋评定,是一种学业成就评定方式。它是通过收集学生某一科目学习过程中的作品,并对学生的这些现实表现进行价值判断的一种评价方法。

学程记录袋建立和完善的过程就是教师对学生进行评价的过程。记录在档案袋中的作品可以反映学生学习知识和技能的结果。同样,作为记录袋构成部分,学生对自我作业的评价、对作业完成过程的说明,可以看作是学生情感态度的一种书面反映。而教师通过对记录袋中作品内容的审阅,能够间接地了解学生各方面的能力、情感态度的发展,而在与学生一同完善记录袋的相当长的一段时间里,教师在与学生的交流中又可以直接观察到学生的反应能力、研究问题的态度、与同学的协作能力以及面对困难和挫折的态度等情感层面上的隐性能力。学程记录袋可以呈现学生学习发展过程中的信息,每个学生都可以看到自己的进步和努力。学程记录袋对学生的个性差异予以充分的尊重,同时实现了评价主体的多元化。

二、信息技术教学反思

(一)教学反思的概念

所谓教学反思,是指教师对教育教学实践的再认识、再思考,并以此总结经验教训,进一步提高教育教学水平。教学反思一直以来是教师提高个人业务水平的一种有效手段。现在很多教师会从自己的教育实践反观自己的得失,通过教育案例、教育故事或教育心得等提高教学反思的质量。

目前研究者普遍认同如下观点:①教学反思是慎思的过程;②教学反思是意义生产的过程;③教学反思是理论知识和实践整合的过程;④教学反思是针对实践活动而进行的思维过程。

(二) 教学反思的作用

1. 教学反思能使教师的行动变得有意义，会提高教师采取知情行动的可能性

教师的教学反思所关心的是知识是如何在行动背景中浮现出来以及这种知识在实践中的作用。通过教学反思能够说明教师做事是源于教师怎样看待教育和学习的一些假设，对自己行动的依据进行质疑，了解别人对自己言行的感受，从而调节自己的行为，有助于达成教师所期望的结果。

教师是班级教学的领导者，对教学活动持有最后的决定权。好的教学有赖于高品质的教师决定，为提升教学效能，教师必须反思教学中发生的事，以批判和分析的观点正确觉察各种可行的途径，并做出合理、有意识的决定，以提升教学效果。

2. 通过反思使教师发展关于实践的基本原理

善于反思的教师能够不断地检验实践中"理所当然"的假设，知道自己所要做的事情的原因，知道自己所要思考的事情的原因。在专业实践中也能够更好地运用自己从实践中总结出来的基本原理，在困惑的情境中找到决策的依据。基本原理是由一系列的观念所组成，可以作为在不确定情境下行动的向导，反思思维的功能是把经验中含糊的、可疑的、矛盾的、失调的情境变为清楚的、有条理的、安定的以及和谐的情境。

3. 教学反思是教师专业成长的有效策略

教学反思能够帮助教师更好地理解他们所知所做的事情，通过教学反思找出疑难，然后解决问题并使学生产生对原有问题的新的理解。而且教师逐渐认识到教学反思能够帮助教师保持专业的健康态度，提升能力和进行专业判断。因此，如果认为专业发展是通过在实践中学习而解放实践的话，那么教学反思就成为教师专业发展的核心。有关职前和在职教师教育的大量文献表明，教学反思是教师专业成长最核心的部分及最关键的过程。教师改变有表层改变和深层改变之分，表层的改变如新的教学技能、教学方式、教学风格和策略的改变，深层改变如价值、信念、情感的改变。反思性的教师发展不仅应使教师学会如何教学，也应使教师明白为什么教学，有助于教师根据教学目标和实践在教学环境中进行有智慧的决策，从而促进教师深层的改变。

(三) 教学反思的类型

教学反思是提高教师课堂应变能力，适应师生互动的必然要求，也是教师自主发展的有效形式。新课程改革对教师的知识储备和教育智慧要求都进一步提高了，推广反思性教学具有更加重要的现实意义。

1. 课后备课

课前预定的教学目标和要求的实现程度如何，只有在课后才能检验出来，课后备课，即教师在上完课后，根据教学中所获得的反馈信息进一步修改和完善教案，明确课堂教学改进的方向和措施。课后备课有助于教师从正反两方面及时总结经验教训，有效地增强教师的教学效果，提高教师的教学专业水平。

2. 教学后记

教师在课堂教学结束后，对教学过程的设计和实施，结合对课堂教学的观察，进行全面的回顾和小结，将经验和教训记录在教案上，即为教学后记。它是教师进行自我评价反思的一种较简捷的方式，不仅可以记录课堂教学成功之处、失败之处，也可记录教学灵感、对学生活动的思索等。长期坚持、以记促思，对于教师专业的发展必有好处。

3. 反思日记

写反思日记是一种很好的办法。在一课时或一天的工作结束后，要求新教师写下教学的心得体会，列出当日教学中所遇到的教学事件以及原因，事件中包含着哪些理论、如何改进等，并与其指导教师共同分析，也可把课堂教学分为教学目标、教学内容、教学过程、教学效果四个部分，然后对每个部分进行细分。如：从教学思想运用的先进性、教学目标设计的准确度、教与学行为表现的合理性、教学手段选用的必要性、教材内容处理的可接受性、课堂活动组织的可接受性、教学时间安排的节奏感、课堂活动组织的周密性等方面进行评价、反思。这样做层次清楚，针对性较强，便于操作。反思日记通常表现为随笔的形式，书写格式非常随意。

4．行动研究

教育领域中的行动研究是指教育实践的参与者（主要是教师）与教育理论工作者或组织中的成员共同合作研究本校本班的实际情况，解决日常教育、教学中出现的问题，从而不断改进教育、教学工作的一种研究。行动研究是提高教师教育教学能力的有效途径，教师在教学过程中，要敏锐地提取教学中存在的问题，并对此展开调查研究。教师可充分运用观察、谈话、测验、调查问卷、查阅文献等多种方法，并通过课内、课外活动、作业批改、座谈会等多种渠道，对学生学习心理特点和认知方式等进行多方面了解和研究，逐步地减少对教学工作认知上的偏差。这样，通过一系列的行动研究，不断反思，教师的教学能力和教学水平必将有很大的提高，而且有助于在整个学校教师中形成一种调查研究的氛围。

5．教学诊断

教师应从教学问题的研究入手，挖掘隐藏在其背后的教学理念方面的种种问题。教师可以通过自我反省与小组"头脑风暴"的方法，收集各种教学"病历"，然后归类分析，找出典型"病历"，并对"病理"进行分析，重点讨论影响教学有效性的各种教学观念，最后提出解决问题的对策。

6．案例研究

案例是含有问题或疑难情境在内的真实发生的典型事件，案例是教学问题解决的源泉。通过案例研究，可以促进每个教师研究自己，分享别人成长的经验，积累反思素材，在实践中自觉调整教与学的行为，提高课堂教学效果。

在课堂教学案例研究中，教师首先要了解当前教学的大背景，在此基础上，通过阅读、课堂观察、调查和访谈等收集典型的教学案例，然后对案例进行多角度、全方位的解读。教师既可以对课堂教学行为做出技术分析，也可以围绕案例中体现的教学策略、教学理念进行研讨，还可以就其中涉及的教学理论问题进行阐释。

7. 观摩分析

"他山之石，可以攻玉"。教师应多观摩其他教师的课，并与他们进行对话交流。在观摩中，教师应分析其他教师是怎样组织课堂教学的，自己从他们的教学中受到了哪些启发；如果遇到偶发事件，自己会如何处理等，通过这样的反思分析，从他人的教学中得到启发，得到教益。

（四）教学反思的内容

1. 写成功之处

教师应将教学过程中达到预先设计的教学目的、引起教学共振效应的做法，课堂教学中临时应变得当的措施，层次清楚、条理分明的板书，某些教学思想方法的渗透与应用的过程，教育学、心理学中一些基本原理使用的感触，教学方法上的改革与创新等详略得当地记录下来，供以后教学时参考使用，并可在此基础上不断地改进、完善、推陈出新，达到更高的境界。

2. 写不足之处

即便是成功的课堂教学也难免有遗漏失误之处，对它们进行系统的回顾、梳理，并对其进行深刻反思、研究和剖析，以便在今后的教学上吸取教训，不断改进，更上一层楼。

3. 写学生创新

在课堂教学过程中，学生是学习的主体，学生总会有"创新的火花"在闪烁，教师应当充分肯定学生在课堂上提出的一些独特的见解，这样不仅使学生的好方法、好思路得以推广，而且对学生也是一种赞赏和激励。同时，这些难能可贵的见解也是对课堂教学的补充和完善，可以拓宽教师的教学思路，提高教师的教学水平。因此，将其记录下来，可以成为教师补充今后教学任务的丰富材料。

4. 写"再教设计"

一节课中，教师若静心沉思，便能摸索出运用的教学规律，教法上的创新，知识点上的发现，组织教学的新招等。及时记录这些得失，并进行必要的归类与取舍，思考再教这部分内容时应该如何做，写出"再教设计"，这样可以做到扬长避短、精益求精，把自己的教学水平提高到一个新的境界和高度。

（五）如何写教学反思

1. 从怀疑处反思

从怀疑处寻求问题，至少应产生两个以上角度的思考，如教学方法的使用是否科学。从"是"与"否"两个角度，还可以衍生出怎样做"更科学"。

2. 从转换立场处反思

一个教学细节，从教师、学生、家长的角度看会有不同，而从学生的不同层次看也是如此。因此，反思中，要有机地寻求转换立场、多角度"包围"反思主体，才能增强反思的深度与客观性。

3. 从转换知识系统、学科领域处反思

综合实践、跨学科教学实践是课程标准的新理念。因此，反思有时也应从转换知识系统、学科领域寻求不同的答案。

4. 从转换时空处反思

环境、时间的变化影响了人们的认知。每个教学细节都有其发生、发展的时空特性，一堂课、一个教学过程的成功与失败都有许多偶然因素。

5. 从假设性问题处反思

注重思维的设计性是培养创新思维的要点。假设是逻辑思考的重要方式。反思中提出一个假设，就可能是在发现问题后寻找到的解决问题的一把钥匙。

6. 从联系对比处反思

对比体现差异，联系体现衔接，通过横向、纵向的联系、对比，就可以从中发现许多新的问题。

7. 从事物本质处反思

哲学是所有科学的基础,心理学、教育学是教育科学的基础。要学会更深层次的反思,就必须掌握哲学原理,学习心理学、教育学知识,才能使"反思"更全面、更科学、更客观,才能提高"反思"的含金量。

第三章 多维度视角下的高中信息技术教学

第一节 基于智慧课堂的高中信息技术项目式教学

智慧课堂是一种新型的教学模式，在学校教学中逐步得到推广，在高中信息技术项目式教学中的应用价值极高。

智慧课堂的构建及其在高中信息技术项目式教学中的应用，使线上线下混合式教学成为现实，将教学延伸至课后，方便教师随时掌握学生的实际学习情况，以此为参考及时调整教学方案，提升高中信息技术项目式教学的现实效果。在高中信息技术教学中综合应用智慧课堂以及项目式教学有极高的现实意义，值得深入探讨与推广。

一、智慧课堂与项目式教学

（一）智慧课堂

智慧课堂可以简单理解为在课堂教学中融入新型教育理念、方法与技术，助推教育智慧化发展，实现学习数据的动态化分析、课堂教学互动的立体化展开、学习资料的智能化推送以及评价反馈的即时化落实，提升教学质量，以促进学生的全面发展。

（二）高中信息技术项目式教学

在高中信息技术教学实践中，项目式教学的基本应用模式为：在项目实施前，要求选定项目主题并规划设计项目。在这一过程中，教师要完成对教学内容的分析以及项目主题的选择，学生要落实对学习内容的预习并分析理解项目。在项目实施期间，教师要组织学生展开项目探究活动并制作项目作品。在这一过程中，教师要准备学习资料、协助学生分析项目并引导其制作项目作品。学生要学习基本知识，并参与探究活动，展开合作交流，在此基础上完成项目作品的制作。在项目实施后，教师要组织作品展示与评价、项目活动评价，并积极听取学生意见，完成作品评价以及教学反思改进，同时鼓励学生展示作品并交流分享，落实自评与互评。

二、智慧课堂在高中信息技术项目式教学中的应用价值分析

智慧课堂的构建目标主要为提升教学质量与效率，支持学生实现有选择性的、差异性的知识学习，并在此基础上实现对学生学科核心素养的强化培养。同时，智慧课堂的构建也支持师生良好关系的形成，逐步将学生转变为课堂教学的主体，结合项目式教学模式的应用，使学生在项目探究与实践中充分发挥自身的主观能动性，积极投入自主探究与合作学习。智慧课堂的构建有极高的现实价值，在信息技术项目式教学中引入智慧课堂构建思路与措施，能提升项目式教学实效，是当前加速推动高中信息技术教学改革升级的必要举措。

三、智慧课堂在高中信息技术项目式教学中的构建与利用路径探究

（一）在课堂教学前重点完成项目的规划设计

在高中信息技术项目式教学的开展前，教师要重点完成项目的规划设计。此时，教师应提前在学习系统内部上传相关学习资料与项目资料，让学生结合资料完成课前预习以及项目资料的自主收集，为后续课堂教学中项目的顺利推进创造更好的条件。

（二）在课堂教学中合理调控并推进项目实施

1. 生活化项目的布设与配套实践活动的展开

在高中信息技术项目式教学的推进过程中，教师要重点完成对项目

第三章　多维度视角下的高中信息技术教学

实施的调控与推进，结合学生实际预习情况、重点难点知识、共性问题等综合调整教学内容。同时，教师要在智慧课堂中记录整个教学过程，结合学习系统引导学生完成项目探究与成果展示，并支持学生利用记录的教学资源在课后自行查缺补漏。

例如，在信息系统的设计的教学实践中，教师可以设定信息系统开发社团招新与运营管理的项目背景，让学生自行组建项目小组，完成社团成员管理系统中学生登录功能模块的设计。在此过程中，教师要重点引导学生结合小组讨论，在项目探究中生成社团成员管理系统中学生登录功能模块的设计思路、运行流程，并绘制出整体框架图与流程图作为项目探究成果，利用学习系统在班级范围内展示与分享。为进一步拓展学生思维，实现对学生实践能力与问题解决能力的强化培养，教师可以使用多媒体设备完成项目情境的可视化展示，促使学生充分、切实理解项目情境的前置条件以及限制条件等。同时，教师要鼓励学生展开小组讨论探究，并安排学生代表利用学习系统、多媒体设备等分享项目成果以及问题解决策略，由教师与项目组成员（学生）共同验证相应的成果，判断其科学性与可行性。

在课堂教学期间推进项目实施的过程中，教师可以带领学生回顾前期所学的知识点以及已经完成的项目活动，并从实际生活出发，进一步引出对本课的项目实施，利用项目始终牵引学生的探索兴趣。同时，整个教学过程要始终贯穿对计算思维的培养，这是信息技术核心素养中非常重要的计算思维的落实和体现。教师要从实际的项目需求入手，引领学生设计信息系统，培养学生用计算机解决问题的能力，同时为后续的深入学习做准备。在项目实施过程中，学生主动思考、积极探究、互相合作，不断提升思维能力和创造能力。

2. 保证项目布设与实践层次安排合理

在课堂教学实践中，教师可以项目式教学理念为指导，将整个课堂转变为创意编程综合实践活动课。在实践中，教师为学生布设实践项目，并引导学生利用三个课时开展产品设计—素材的收集与整理—作品制作与分享三个环节的学习，让学生在驱动问题的引领下，通过探究学习促进动手实践能力以及设计分析能力的提升。依托上述课时安排与实践任务的划分，教师在实际的项目式教学期间让学生清晰、明确掌握项目流程，提升学生完成布设任务与实践项目的条理性，实现对学生逻辑思维以及实践能力的培养。

例如，在信息系统的设计与开发单元的教学实践中，教师可以设定信息系统开发社团招新与运营管理的项目背景，提出完成社团成员管理系统中学生登录功能模块的设计任务，由教师担任项目的发布方（招标方）、由学生作为项目的设计与执行方（投标方）。教师引导学生以小组为单位，在第一课时汇总、整理、讨论现有项目资料，向教师（即项目发布方）获取更多的系统设计信息、系统运行环境信息等，综合探讨后形成社团成员管理系统中学生登录功能模块的设计方案。教师在第二课时让学生进行小组分工，利用互联网完成系统及其功能模块设计与开发期间所需素材的收集，进一步完善社团成员管理系统中学生登录功能模块设计与开发方案的同时，在课堂以及课后逐步完成相应系统功能模块的构建，并将完成的设计方案与开发成果在规定时间内上传至线上学习平台。教师在第三课时模拟招、投标场景，安排各个小组作为不同的投标方进行社团成员管理系统中学生登录功能模块设计方案与开发成果的讲解、展示，回答其他小组成员与教师提出的问题，并由教师进行最终评价。这种层次性项目教学模式为学生展开各种项目实践提供了更为充足的时间支持，使整个教学过程更具条理性，提升了项目式教学的质量与成效，实现了高中信息技术课堂教学质量的升级。

（三）课后重视项目验收以及评价的落实

在高中信息技术项目式教学结束以及项目验收阶段，教师要重点完成对项目的验收及评价，并结合学习系统给学生智能推送练习内容与拓展思考题，进一步巩固延伸知识。课后项目的验收以及评价操作的展开，能在学习系统的支持下将课堂教学延伸至课后，延长学生的有效学习时间，深化高中信息技术学习成果。

第三章 多维度视角下的高中信息技术教学

(四) 基于智慧课堂的高中信息技术项目式教学的其他要点

1. 智慧课堂及项目式教学平台的搭建与利用

为更好地实现智慧课堂的构建，提升高中信息技术教学的信息化、智慧化程度与水平，并实现智慧课堂与项目式教学模式的深度融合，教师要着力构建项目式教学平台，结合相应平台的使用完成高中信息技术教学。项目式教学平台可以实现对整个高中信息技术项目式教学过程的记录，集中采集、保存不同教学环节信息，包括探究项目选定、项目规划设计、项目探究过程与实施、项目成果、活动评价等。同时，项目式教学平台还支持课后的线上测验活动，为教师的课程管理以及学生管理创造更为方便的条件。

项目式教学平台的主要功能模块包括管理员模块、教师模块以及学生模块。在管理员模块中，可以实现对教师用户以及学生用户的添加、编辑，完成用户权限设置，支持相关信息的批量导入。在教师模块中，教师可以实现对学生权限的设置、学生账号密码的修改，并实现课堂管理。利用教师模块，教师能更为便利地完成课程编辑与课程管理，包括项目描述与分析、课堂调查、设置项目组、提交作品、课堂测试等。在学生模块，学生可以完成对个人信息的修改、提交作品并展开线上交流；这一平台支持课后作业的线上提交，并为学生在课后复习课堂资料与学习内容提供支持。项目式教学平台在高中信息技术教学中的应用实现了智慧课堂的构建，也为信息技术项目式教学的高品质展开创造了良好的条件。

2. 重视探究项目与问题的生活化设定

在运用项目式教学模式展开高中信息技术课堂教学期间，教师应重点落实探究项目与问题的生活化设定，让学生在项目实施过程中构建知识，并迁移至生活中其他问题的解决。

例如，在教科版高中信息技术必修教材，小型信息系统的组建的教学中，教师注重学生体验项目设计，以先学后教为指导思想，带领学生设计学生信息管理模块项目。教学实践中充分调动学生学习的积极性，整个教学过程引导、探究结合,充分体现以学生为主体的教学理念。

此外,在基于智慧课堂的高中信息技术项目式教学实践中,教师还要重点把握以下内容:明确项目目标,与学生的生活联系起来,引发学生的兴趣;保证学生是项目实施的主体,且项目要多样化、多方法、多结果、多渠道实施,教师的角色是引入项目及激发学生的兴趣;实施项目的过程中内化新知识的学习,让学生在解决问题的过程中自我构建知识。

综上所述,智慧课堂的构建具有极高的现实价值,在高中信息技术项目式教学的课前阶段、课中阶段以及课后阶段引入智慧课堂构建思路与措施,能有效提升项目式教学的实效性,是当前加速推动高中信息技术教学改革升级的必要举措。

第二节 探究高中信息技术教学中数字化学习资源的应用

在信息时代,充分发挥信息技术优势,加强资源拓展,既可以促进教学现代化发展,也可以遵循全新的发展规律,使教学推进更加全面。具体到高中信息技术教学中,积极应用数字化、现代化、自动化学习资源,顺应现代化的教育教学趋势,可以为学生呈现良好的教学情境。因此,高中信息技术教师要着眼于全球化的发展,应用数字化学习资源,完善信息技术教学水平,从而促进学生信息技术素养的不断提升。

进入高中这个关键性的教学时期,积极顺应新课程标准改革的大趋势,优化信息技术的教学形态,既可以调动学生学习的积极性,也可以在应用数字化学习资源的过程中全面创新教学模式。

一、数字化学习资源以及高中信息技术教学的理论概述

研究良好的理论知识对于具体的教学创新具有十分重要的积极影

第三章　多维度视角下的高中信息技术教学

响。根据当前的发展形式，在对数字化学习资源以及各种信息技术教学的具体内容进行整合的过程中，将信息技术内容以及基础理论的研究作为重点工作，可以进一步促进高中信息技术课程教学效率的提升。

（一）高中信息技术课程的具体特征

高中信息技术作为高中阶段学生需要学习的重要课程之一，整体的适应性、实践性极强。在教学过程中，要加强学生信息素养的培养，教育学生学会正确地使用信息技术，增强学生的信息技能和创新能力。信息技术课程具有以下特征：首先，实践性比较强，信息技术课程的课时安排中包含大量的上机操作，学生要通过具体的操作实践，将理论与实践相结合，更好地了解自身在学习中的不足和优势。其次，综合性较强，该课程中不仅包括计算机技术相关的内容，还涉及许多其他学科，如审美艺术、环境、数学、软件开发等内容。再次，工具性较强，信息技术不仅是学生需要学习的重要内容，也是学生学习的工具，还是学生未来工作和学习一定会接触到的环境和工具，有利于解决各种生活、学习、工作问题。最后，层次性鲜明，信息技术课程的层次性体现在学生基础水平和学习特质的层次性、教学内容和教学环节的层次性，要求教师在教学中充分了解学生的学习特点和个性发展需求，采取分层教学策略，注重因材施教原则的落实，这样才能够在把握信息技术课程的层次性的过程中，提升整体的教学质量和教学效果。

（二）数字化学习资源的具体特征

数字化学习资源应用形态之下具有以下特征。首先，信息获取更加便捷，整体信息的传输不受时间和空间的限制，可以通过智能传输与储存，提升学习效率。其次，形式层面具有多样性，可以利用图像、视频、动画、声音等多种形态对良好的交互界面进行全面的展现，并利用超文本结构帮助学生进行全面的记忆和理解。再次，在对资源内容进行应用的过程中，信息资源的共享属性更强，可以通过电子读物或网络课程等多种形式实现资源共享，对其传播画面进行全面的展现，传播范围覆盖较为广泛。最后，在数字化学习资源的应用过程中，其整体的互动性特征比较明显,可以通过线上网络媒介作用的发挥,更加精准地强化双向沟通与交流,使学生与教师之间的沟通互动更加广泛,进一步完善了学习发展的全面性。

二、高中信息技术教学中应用数字化学习资源的重要价值

(一) 有助于拓展信息获取渠道

在高中阶段,学生正处于价值观念及实践能力等综合素养提升的时期。为丰富整体的教学形态,在高中信息技术教学过程中,积极把握数字化学习资源的整合,有助于拓展信息获取渠道,改变以往单一从教材或教辅资料上获取信息的限制,可以丰富学生的学习资源。根据课程特征,加强数字化学习资源的应用,可以在拓展多种信息资源获取形式的同时,让学生具有一定的信息资源敏感性,对于学生综合素质的提升具有十分重要的影响。

(二) 有助于加快学习资源的更新速度

除上述内容之外,在进行高中信息技术课程教学的过程中,应用数字化资源完善整体的课程体系,也可以在调整教学脉络的过程中了解当前信息技术教育改革的具体要求。因此,在高中信息技术教学中应用数字化学习资源,可以改变以往学习资源更新速度慢的问题,进而加快学习资源的更新速度,让高中信息技术教学与时俱进。

(三) 有助于拓展信息技术教学空间

在对数字化学习资源进行应用的过程中,可以通过多元化渠道获取教学资源,有效管理和存储多种学习资源。在筛选并整合各种数字化教学资源的过程中,可以使学生感受到高中信息技术知识学习的丰富多彩。通过数字化学习资源的应用,可以调动学生学习信息技术的兴趣,使学习内容可以通过多种方式呈现在学生面前,让学生沉浸于其中,更好地学习信息技术课程内容,对于良好的教学效果的全面巩固具有非常重要的作用。

（四）有助于顺应当前教育改革的大趋势

数字化教育资源建设是教育信息化建设的重要内容，在推进教育信息化，实现教育现代化过程中发挥着重要作用。从宏观角度来看，在高中信息技术课程中积极加强数字化学习资源的应用，可以顺应当前教育改革的发展趋势，有利于进一步对国家育人总目标进行全面了解和落实。在教学中应用数字化学习资源，可以通过创新学习方式、丰富教学模式促进教育信息化改革逐渐深入落实，在相关的数字化教育平台中加强教学资源的展现和共享，有助于提高学生的学习质量，也能让教育信息化走得更加长远。

三、数字化教学资源在高中信息技术教学中的应用过程

（一）第一阶段——明确资源范围

在对高中信息技术教学内容进行设计的过程中，第一个步骤就是明确资源选择范围和具体的载体。结合教材的教学内容和具体的教学目标，明确课程教学内容、教学目标和教学重难点等相关知识内容，在此基础上对数字化学习资源进行有针对性的选择，进而合理科学地展开相关教学。例如，在对"计算机网络在信息系统中的作用"这一内容进行学习的过程中，首先，教师应设定教学目标，一方面，让学生了解计算机网络的具体功能分类和概念，另一方面，让学生能够列举计算机网络的应用实例，并让学生识别计算机网络的相关功能，以此为目标设定相关主题。根据教学要求，课题的主题在于计算机网络的不断发展对人们的学习以及生产生活有哪些影响。根据主题教学需求，教师搜集具体教学实例，比如，对邮政电子汇款业务设备、打印机、超市收银机等设备的运行形态进行全面整合，使学生在不同的实例中感受主题内容。

（二）第二阶段——明确资源类型

在对高中信息技术教学内容进行把握的过程中，要结合整体的课程特点，优化资源类型的科学选择。例如，在对"大数据对日常生活的影

响"专题内容进行学习的过程中，教师要根据教学要求，选择合适的资源类型。尤其是要根据教学需求，全面凸显数字化教学资源优势。为了使学生充分了解大数据这一技术以及信息系统对日常生活产生的影响，教师在教学过程中可以搜集相关视频资源。在多媒体设备中，播放大数据技术下人们日常的交通出行、线上支付、线上购物等具体表现的视频。同时，可以借助电子教案的形式，自动化生成教学思维导图，使学生在学习中感受大数据技术对日常生活学习的影响。当然，数字化资源类型比较丰富，既包括线上课程、影像资料、电子档案，也包括数字图书、辅助程序等。教师要根据学生不同的信息反馈，选择合适的资源类型，从而提升自身教学水平。

(三) 第三阶段——注重学习资源数字化建设

在高中信息技术教学过程中，除了需要明确资源类型、确定资源范围，还需要对现有的资源进行全方位的整理，优化数字资源的建设，将传统资源与数字化资源进行全面结合也是十分重要的。在具体教学中，教师可以将纸质版的教学插图或其他教学内容进行立体扫描，转化为科学的数字资源，或者在软件操作过程中，进行科学的录屏，使其可以成为有效的操作视频，这都是创新教学模式并促进教学数字化发展的重要方法和具体举措。

(四) 第四阶段——完善信息技术资源的筛选与再加工

最后一个阶段主要是对收集好的相关数字化学习资源进行筛选和再加工。在对相关学习材料进行整合的过程中，要根据学生的学习情况和教学目标，对有用的信息进行筛选和使用。例如，在对"数据的存储和保护"相关内容进行教学的过程中，教师可以在网络平台上搜索相关的具体操作视频，然后下载下来，再依据教学内容和教学目标，对操作视频进行剪辑与调整，以适应学生的学习需求，让学生可以了解到更多趣味性的操作要求。这样既可以激发学生的学习热情，也可以应用数字化资源使教学氛围更加浓厚、轻松和愉快。

四、高中信息技术教学中应用数字化学习资源的具体策略和方法

在高中阶段重视信息技术课程与学习资源的整合，可以全面地丰富和拓展学生的学习资源。而在这个过程中应用数字化学习资源，既可以顺应当前教育改革的发展趋势，也可以凸显学生的主体地位，更好地在改革发展中对学生的学习方式、生活方式等进行全面的改善，对于学生自主学习能力的提升也具有积极影响。因此，要从全面化、个性化的角度出发，更加精准地对学生的多项综合能力进行提升和培养，从而使教学改革更加掷地有声。

（一）创新主题教学，优化数字化学习资源的应用

根据新课改的教学要求，在对信息技术教学内容进行展现的过程中，全面应用数字化资源可以强化知识探究的深度和广度，也可以在主题学习过程中，使学生对专业知识和专业内容有充分的认识和了解。因此，利用数字化资源，以主题形式归纳总结相关学习规律是非常有必要的。尤其是在教学过程中，教师可以创建具体的主题，让学生自主搜集与此主题相关的学习资料，了解这些资料学习对于自身今后的成长有何意义，这样可以通过分类整理主题探究，指导学生更加规范地对相关内容进行有效学习。例如，在对"数据处理和可视化表达"相关内容进行教学的过程中，教师可以以"网络购物平台消费者行为数据分析和可视化表达"为主题，组织学生进行自主、合作、探究学习，让学生对多个网络购物平台的消费总额和变化情况等进行统计，并以此数据为指导，对比各项消费信息，为自身消费提供重要指导。通过这个主题项目学习，学生能够认识大数据及其特征，了解数据采集的基本方法，能够在一些杂乱无章的数据中，运用数字化的工具和技术分析数据，并学会运用恰当的工具可视化表达数据，从而全面提升学生的信息素养。

（二）完善模板引导，优化知识框架

在对高中信息技术教学活动进行组织和开展的过程中，也要通过模板设计的形式，对完整的知识框架进行有效的构建。在对知识进行提取

的过程中，要通过专题教学的形式，对教学内容进行有效的展现。尤其是要对照模板中的相关问题，让学生从简单到复杂的思路进行探索，形成良好的学习脉络。例如，在对"人工智能及其应用"相关内容进行讲解的过程中，可以结合智能客服机器人的相关范例，让学生观看人工智能领域不同机器人的具体表现以及在生产生活中的应用与联系，并在多媒体大屏幕中播放相关的视频资料。观看完毕之后，让学生分析人工智能技术应用的规律，根据智能客服机器人的运行逻辑，构建知识学习框架，并在对其他人工智能机器人的开发中运用具体知识。比如，在开发智能扫地机器人时，可以根据此模板内容，了解其中的运行逻辑。

(三) 落实任务教学，明确教学目标

教师在对高中信息技术内容进行教学的过程中，需要构建科学的教学体系，应用任务型教学模式，也可以在了解知识结构的过程中，科学地下发学习任务，让学生通过任务型教学模式，实现学生的合作、自主、探究性学习。例如，在对"信息系统的组成与功能"相关内容进行讲解的过程中，可以结合铁路列车时刻表查询系统的具体内容，让学生在相关铁路购票软件中研究信息系统的具体处理模式。并将全班学生分为多个小组，然后给每个小组布置不同的学习任务，分别对信息系统的输入功能、处理功能、存储功能、控制功能、传输与输出功能进行剖析，了解基于其他软件的异同点。在层层设置任务的过程中，引导学生进行自主探究。如果学生在探究过程中出现一些疑问和问题，教师也可以通过微课、慕课等相关形式，录制具体的小视频进行详细解答。让学生自主观看，有序探索，在课堂中形成良好的互动，可以进一步激发学生无限的学习成就感和满足感。

综上所述，在高中信息技术教学中应用数字化教学资源，既可以通过专题教学等相关形式，完善学生对信息技术的了解，也可以加强模板引导，使学生优化自身的学习条理性。因此，要从宏观角度出发，重点加强数字化学习资源与高中信息技术教学之间的关联性，这样才能够践行全新的教学思想，使素质教育体系的构建更加全面。

第四章　高中生态课堂建设的因素

第一节　高中生态课堂建设的教学因素

"生态课堂建设"就是在教育生态学视野下，运用生态学的系统观点探寻高效课堂的基本特征，研究高效课堂具备的主要生态因子及其最佳整合方式，追求教学过程的最优化，构建"互动·和谐·共生"的生态课堂实践模式，为学生的可持续发展奠定良好基础。

课堂教学中的生态因子丰富多样，校园环境、教学装备、教室布置、座位编排、教师教学风格、学生群体文化等多种教学因素作为生态因子都应纳入生态课堂的研究范围。课堂教学中，这些生态因子之间如何"互动·和谐·共生"是整个研究的焦点所在。"生态课堂建设"就是在生态因子的"互动·和谐·共生"中探索教学过程的最优化，在新课程理念的指导下，尤其要探究"人"作为生态因子的能动作用，通过师生互动、生生互动以及师生与课程资源的互动，建构愉悦高效的生态课堂，最终促进学生的全面发展、个性发展、协调发展、可持续发展。生态型教学理念用系统观、整体观、联系观、和谐观、均衡观重新审视诸多教学因素，这些教学因素便具有了新的内涵。

一、教师的角色定位

生态型课堂建设中教师的准确定位是保证作为生态型学习的主阵地的课堂取得成效的前提条件。生态型课堂作为生态型学习的一种重要组织形式，不但需要各科知识和各种经验的综合学习与应用，而且需要密切联系学生学习和生活的方方面面，以寻找课堂建设的契机。生态型课堂教学无论是从它的教学目标，还是从其内容选择与组织实施，都对教师提出了多样化与综合化的要求，生态型课堂教学建设中，教师给自己的定位具体分为以下内容。

(一) 知识学习的引领者

生态型课堂教学首先对教师的知识容量和知识结构提出了新的要求。在生态型课堂中，教师与学生并无天然界限，生态型学习的过程既是学生的学习过程，也是教师拓展本学科知识的过程。生态型课堂教学既要求教师成为一个知识渊博的人，又要求教师在"教学相长"的推力下，进一步优化自己的知识结构。随着知识转型和教育改革趋势的发展，自然学科、社会学科和人文学科在高度分化的基础上正走向高度综合。对每一个教师来说，科学、技术、综合、艺术、哲学等都应在他的视野之内。生态型课堂教学要求教师的知识结构具有复合性和多样性，不同学科教师的知识结构仍需具有专业水准。

要适应知识发展和课程改革的要求，教师必须建立开放性知识结构：①本学科知识，学科知识的内容、结构及该门学科的研究方法；②教育学、心理学知识，教育教学的原理、方法和策略；③课程编写知识，有关教材编写以及教学设计的知识；④学科教学法知识，可以体现教师的教学个性；⑤学生发展特点的知识，关于学生身心、认知、社会行为与人格发展的知识；⑥教育情境知识，指教师对社区背景、教室情境、学校文化的了解和认识；⑦教育目的知识，教师有关教育哲学、教育价值和教育目的的知识；⑧现代教育技术的知识。

(二) 校本课程的研制者

生态型课堂的建设还要求教师具备初步编制课程的研究素质。生态型学习是一种开放的学习方式，很多时候，需要发挥学校的特色，创生校本课程；结合当地的风俗人情，创生文化课程；开展各种活动，创生活动过程。这些都需要教师初步具备编制课程的素质。课程编制的原材料来源于以下几点：①对学生的研究；②对当代社会生活的研究；③学科专家的建议。因此，培养教师编制课程和研究教材的素质是可以具备的，而且也是必需的。

生态型课堂对教师角色的定位提出了更高的要求。生态型课堂教学与传统的分科课堂教学不同，开展生态型课堂教学，需要教师转变传统的被动执行课程设置和教学大纲的角色和观念，积极主动地参与课程开发与研制，结合地方特色，与学生一起自主地建构生态型课堂教学活动的主题和内容，确定教学活动开展的方式和途径，研制适合学生能力的教材，开发适合生态型教学的课程资源，发挥自己的潜力和学生的潜质，自觉承担生态型学习活动的课程研制者和资源开发者的职责。

（三）学习活动的协调者

生态型课堂教学更需要发挥学生的主体性，整个教学设计都是以师生的"互动·和谐·共生"为中心展开的，生态型课堂的建设离不开任课教师的引导协调，学生在生态型课堂中主要以探究的形式展开学习。生态型课堂教学也是一个有序列、有组织的教学过程，教师必须对生态型课堂教学进行总体规划，设计生态型课堂教学的各个阶段，考虑生态型课堂教学中可能出现的各种影响因素，保证生态型课堂教学的顺利开展。

由于生态型课堂教学并不一定局限于教室之中，生态型学习活动中教师还负有管理学生、保证学生生命安全的法律责任。在生态型课堂教学中，教师既要对学生的学习活动进行引导，还要对学生开展的社区服务、社会实践和校外调查等容易发生安全事故的生态型学习活动进行有效的管理。生态型课堂具有开放性、教学周期长、教学空间广、并且具有较强的实践性，因而教学情况复杂，需要协调各种人际关系，尤其需要教师主动地为学生开展生态型实践活动创造有利的环境，积极协调学生、学校与家长、社区之间的关系，协调不同学科教师之间的关系，协调社会有关部门、机构与学生活动的关系，为学生开展生态型学习创设良好的外部环境，开发充足的课程资源。

（四）激励学习的评价者

对课堂教学中学生的学习状况进行有效的评价是每一位合格教师的

基本素质。生态型课堂建设对作为评价者的教师提出了更高的要求，教师不仅要对学生的活动进行全程性的评价，而且在评价用语上应有所研究，应善于运用激励的语言评价学生的学习活动，对不同的学生能用不同的方式进行评价。作为评价者，教师还应对自己参与活动的表现进行评价，不断反思自己在生态型课堂教学中的成败得失。作为评价者的教师，评价应该客观、公正、公平，能促进生态型课堂教学的开展。教师要重视评价的过程，应具备诊断性评价、形成性评价和终结性评价的素质，既要评价生态型课堂教学存在的主要问题以及生态型学习的形式、内容、过程，还要在生态型课堂教学过程中，不断了解生态型课堂教学的进展状况，及时对生态型课堂教学进行调整，评价生态型课堂教学的效果；任课教师要重视评价的差异性，具备相对评价、绝对评价和个体差异评价的素质；任课教师要重视评价不同层次，具备宏观评价和微观评价相结合的素质；任课教师要讲究评价的灵活性，兼顾外部评价和自我评价；任课教师要能运用多种评价方法，注重定性评价和定量评价的结合。既能采用开放的形式获取评价信息，运用定性描述的方法做出评价，又能采用结构式的方法，预先设定具有操作性的评价内容，收集并量化评价对象的信息，运用教育系统学做出科学的评价。

生态型课堂教学评价应当体现评价的主体性、特殊性和多元性：①注重学生在评价中的主体地位；②注重形成性评价对学生发展的促进作用；③评价要注重学习结果，更要注重发展和变化的过程，要把形成性评价与总结性评价结合起来，使发展变化的过程成为评价的组合部分；④注重评价方法的多样性和灵活性；⑤注重评价结果对生态型课堂教学的反馈作用；⑥注重各年级教学评价的特殊性；⑦注重各年级的评价要以三维目标为依据，注重评价内容的多元，既要重视学生的学习成绩，也要重视学生情感、态度和价值观等方面的发展，更要重视学生的创新能和实践能力，形成生动、活泼、开发的学习氛围；⑧注重评价方法的多样性。考试或测验仅仅是一种评价方式，除了考试或测验，还要探索科学、简便易行的评价办法。比如观察法、访谈法和调查法等，探

第四章　高中生态课堂建设的因素

索有利于生态型课堂教学的积极评价方法。

二、教学的目标确立

"生态课堂建设"力求构建"互动·和谐·共生"的生态课堂实践模式，就必须谋求生态型课堂主要生态因子的最佳整合，追求教学过程的最优化，因而"生态课堂建设"的教学目标是"知识与能力，过程与方法，情感、态度和价值观"这三个维度上的有效融通；"生态课堂建设"的教学目标是相邻学科目标的适度整合，甚至是多门学科的综合，开阔学生的视野，培养学生解决较为复杂问题的能力，在这个过程中，通过师生之间的"互动·和谐·共生"的过程，也就培养了新课程标准要求的合作探究能力。不仅如此，还谋求以多元的、适合的方式呈现教学目标，以更好地促进学生的全面发展。

(一) 学科内部三维目标的融通

生态课堂建设就教学目标设置而言，注重在"知识与能力，过程与方法，情感、态度和价值观"这三个维度上实现有效地整合，特别要以"互动·和谐·共生"为标准择定教学目标。一是知识和能力是"互动·和谐·共生"的，适度的能力培养有利于激发学生对知识的渴求，有利于学生对自己已有的知识进行整合，甚至发现新的知识。生态课堂不仅要看到知识的基础性作用，而且要看到能力培养对知识教学的拉动作用，尤其要把教学设计的落脚点放在思维能力对知识的拉动作用上。二是过程和方法是"互动·和谐·共生"的。生态型课堂应当成为学生观察、质疑、探索、操作、想象、创造的阵地，在这个过程中要加强方法的指导，通过方法的指导优化学生解决问题的过程，特别要引导学生把优化方法和提升思维层次结合起来，引导学生探索方法运用的适切性，培养学生思维的灵活性。三是认知发展和情感体验是"互动·和谐·共生"的。情感、态度和价值观维度的教育目标对学生认知的发展有巨大的促进作用。从学生的学习动机上看，学生对学业的兴趣、对知识探索的热情、对学习任务的认真态度都直接影响学业发展的水平；从学生的全面可持续发展来看，信息时代知识更新非常快，而学习过程中形成的热爱知识的态度、探索的热情却激励个人终身学习，常学常新；另外，教学的合规律性、合目的性相统一的原则要求教师培养的是心怀仁爱的学生。

（二）相邻学科目标的适度整合

生态型课堂建设还谋求相邻学科之间的"互动·和谐·共生"，因为生活中的问题常常是综合的、复杂的，因而知识和能力的综合就显得尤为重要。在解决问题的过程中，基于具有一定复杂性的生活问题的课堂教学专题能够提高师生之间合作、探究的能力，因而生态型课堂建设谋求在相邻学科目标的整合中开阔教学视野。

相邻学科目标的整合一般可以分为综合理科和综合社会科两类，相邻学科目标的综合需要多学科科任教师之间的合作。生态型课堂中相邻学科目标的整合提供给学生一个多角度认识问题的机会。在分科课程的背景下，为学生提供多学科的方法和视野，帮助学生超越某一学科界限，综合考虑问题、解决问题，激发学生的整体顿悟力，培养想象力和创造力。

生态型课堂注重跨学科的学习和现代科技手段的运用，使学生在不同内容和方法的交叉、渗透和整合中开阔视野，提高学习效率，初步获得现代社会所需要的实践能力。跨学科学习通常围绕一个共同主题开展跨学科活动或教学。跨学科课程计划通常包括组织各种活动，通过活动将各学科知识联系起来。生态型课堂中跨学科目标的整合既有学习内容目标的综合，也包含各种学习方式目标的综合，在学校生活、家庭生活和社会生活中培养学生综合解决问题的能力。比如为解决与学习和生活相关的问题，师生之间展开积极地互动，利用图书馆、网络等信息资源获取资料，尝试写简单的研究报告；策划简单的校园活动和社会活动；能提出学生在学习和生活中感兴趣的问题，对所策划的主题进行讨论和分析，学写活动计划和活动总结。生态型课堂中跨学科学习主要围绕"国际理解教育""环境教育""生态教育""信息教育""福利教育"等主题展开，生态型课堂中跨学科学习特别重视知识与技能，过程与方法，情感、态度和价值观三维目标的整合。

(三) 课堂教学目标的多元呈现

生态型课堂建设基于学生丰富多样的个性，本着因材施教的理念，谋求以多种形式呈现教学目标，促进师生之间更好地"互动·和谐·共生"。多元智力理论认为人有七种智能，具体包括：语言智能、逻辑—数学智能、空间智能、身体—动觉智能、音乐智能、人际智能和自我认知智能。将多元智能理论运用到生态型课堂建设上，能够开发出灵活多样的教学方法和手段，教师应当鼓励不同的学生根据自己智能方面的特点，自主选择切合自身的学习方式，让每个人都参与生态课堂的互动生成中。

三、教学的重点设定

生态型课堂的教学设计重点是促成"互动·和谐·共生"教学理念的相对独立的教学活动，因此，生态型课堂的教学设计重点应为对话、体验、合作探究。生态型课堂建设把对话、体验、合作探究的活动作为教学重点，旨在融探索性、教育性、创造性为一体，激发学生主动参与、合作探究、创新学习的热情，促进学生知情意行的全面、和谐发展。

(一) 激活丰富多样的生命体验

生态型德育实践立足于培养完整幸福的人，智育和情育并重。体验是情感教育的最有效方式，体验使得教学得以伸展到传统课堂未曾触及或很少触及的情感领域，生态型课堂的教学重点之一就是生活体验、生命体验和审美体验等丰富多样的人生体验的融入，丰富多样的体验一旦融入课堂生活，课堂教学就挣破了过度重视认知教育的桎梏，实现了全人的课堂，熔铸了学生的情感，提升了学生人格，生态型课堂就不仅是学习知识的课堂，而且也是充满乐趣、引人入胜的课堂。因而，生态型课堂建设的教学重点之一便是创造可以丰富学生体验的情境，营造可以激活学生体验的氛围，提供灵活多样的体验方式：文体活动、社区服务，实验操作、实地考察、调查研究、亲身经历等；丰富体验的对象：体验人情冷暖、体验自然风情、体验风土人情等；创生富有艺术性的多种教学方式：模拟场景体验、角色互换体验等。当然教学设计也要讲究艺术性和引导性，以帮助学生由此及彼、由表及里、促成学生认识的深化和情感的升华。敢于让学生做一做，在做中学；让学生说一说，在辨析中磨砺思维；更要让学生想一想，在反思中总结提升，把生态型课堂建设成学生积极主动体验、自主建构知识结构，不断提升人格境界的自由环境。

（二）推动民主平等的多面对话

生态课堂强调创设有利于生态主体建构生成的课堂生态情境，以理解、交往、思维碰撞和情感交流等为教学路径，师生成为平等的对话者、合作的探究者、生生之间成为合作的自主学习者，基于这种和谐的相依的关系，促进学生生态个体健康全面发展，也促进教师生态个体的专业成长，彰显学生和教师的生命价值。就学生的个体发展而言，每个生命都有其独特性。生态课堂"互动·和谐·共生"核心理念之根基就在于学生的多样化发展，多种独特个性之间展开良性互动的最佳途径乃是对话，"对话"作为教学的形式，在生态型课堂中有其独特内涵：一是强调教学民主机制的创建，在生态型课堂中真正赋予各个层面的学生以平等对话的机会，确认每个人的个性是丰富多彩的；二是安全氛围的营造，要让学生在课堂上敢于表达，要引导学生营造一种接纳、宽容的心态；三是最终在对话中实现知识和道德的建构，对话机制有利于学生的知识的建构。

（三）促成学习群体间的合作探究

按照组织行为学的理念，一个班级按群体构成的原则和方式划分，可以分为正式群体和非正式群体。生态课堂"互动·和谐·共生"的核心理念要追求课堂的整体效益，生态课堂的起点是良性的互动，必然指向合作学习，要进行合作学习就必须结成一定的学习组织。

四、教学的节奏推进

(一) 生态型课堂构成教学节奏的因子

"互动·和谐·共生"的生态型课堂实践模式从三个维度分析构成课堂节奏的要素。

1. 知识维度

①密度：指单位课堂时间内需要学生学习的知识点的数量。知识点多，特别是新的知识点多，密度就大。根据认知心理学的原理，学生掌握的知识模块以五到七个为宜。②速度：常常以学生学习某一知识点的时间常量计算。③难度：指教师和学生在教学时感受到的表达、理解、运用等方面的难易程度。

2. 学生维度

①兴奋度：这个因素涉及生理和心理两个层面。就学生本身而言，生理层面要求学生能够充分休息、做到精神饱满；心理层面要求学生端正学习态度，有旺盛的求知欲。当然学生在课堂上的兴奋度，还跟教学内容的新颖度、呈现方式的丰富多样等有密切的关系。②疲劳度：这个因素同样涉及生理和心理层面。当然，在兴奋度和疲劳度之间有一系列中间变量，教师在进行教学设计时也应适时调控好教学节奏。

3. 教师维度

①亲和度：亲和度是指教师在教学生活中特别是在课堂上吸引学生的水平。影响教师亲和度最为重要的两个因素是学生对其人格的尊敬度、对其素养的钦佩度。教师的亲和度是师生之间"互动·和谐·共生"的前提条件，亲和力强的教师容易跟学生产生共鸣，在课堂教学中容易让学生体验到一种如沐春风的幸福感觉。②激情度：激情度是指教师在教学生活中投入感情的强烈程度。一堂课想要拥有好的教学效果，就需要一个充满激情的教师。教师的激情就像一团熊熊燃烧的火焰，可以点燃所有学生的热情。教师要善于发现教学过程中自身专业成长和学生点滴发展的乐趣，以自己的激情调动学生学习的热情。

（二）节奏调控的关键在于师生之间形成的"和谐共振"

"互动·和谐·共生"的生态课堂实践模式在知识维度、学生维度和教师维度三个维度上找到一个平衡点，建设协同共振的课堂，形成良性互动、节奏轻快的心理场所。

要谋求影响生态型课堂节奏的各因素的最佳整合，就必须注意以下三个方面。

一是以学生维度的生态因素为中心，综合考虑影响生态型课堂建设的各种因素。高中学生的生理规律、认知规律、情感特点是设计教学节奏的出发点，为了保证生态型课堂教学中的轻快节奏，必须合理学习，教师也必须合理把控教学节奏与学生进度。

二是影响教学节奏的某一维度的生态因素要注意适度。

三是合理搭配影响教学节奏的各种因素，追求变化美。生态型课堂的节奏把握，同样讲究影响教学节奏的各因素之间的"互动·和谐·共生"，谋求各因素的合奏，从知识维度的疏密、轻重、难易、快慢、多少，到学生维度的学生精神状态兴奋还是抑制，再到教师维度的亲和度、激情度，教师都要伺机调控，展现错综变化的整体美；由易及难、深入浅出、轻重有度、疾徐有致。学生如沐春风，或舒缓，如湖水微微荡起涟漪；或紧张，如离弦之箭待发，生态型课堂流畅轻快得就像一首乐曲，学生在轻松愉悦中提高了学习效率，因而生态型课堂在起伏有致中显得情趣盎然。

（三）节奏调控的着眼点在于学生思维和情感的发展

生态型课堂节奏调控的着眼点是学生思维和情感的发展。一堂课可以粗略分为导入、发展、高潮、总结四个阶段。这四个阶段的分隔应以每堂课涉及的影响节奏的不同因素而定。比如开头或简洁有趣，或设置悬念，给学生一个兴奋点，让学生获得轻松愉悦的情感体验；因而，马上要转入下一个环节，以舒缓的节奏基调进入了课堂教学的发展阶段，对学生学习这堂课需要的先导性知识进行梳理，培养学生缜密而有条理的思维习惯；让学生获得平和流畅的情感体验；当先导性知识梳理完毕之后，要把激发学生的推理思维作为课堂教学的高潮处理，这个时候学生的大脑处于高度紧张的状态，推理前提和结论之间不断转换，师生之间产生思维碰撞的火花，情感的交流也达到最充分的阶段，解决重点、攻克难点就在十几分钟内完成，一旦问题解决了，学生就有豁然开朗之感，身心为之轻松，这种发现的乐趣以及在发现的过程中，师生之间合作探究产生的乐趣才是课堂节奏中高潮阶段的精髓，常常通过排名、奖状等外在方式激励学生，这不如内在激励来得持久强烈，让师生回味不已。生态型课堂中的内在激励是指师生共同设定目标激发的成就感和自我效能感。内在激励带给人的是学习本身的情趣、特别是师生合作探究、建构知识、解决问题之后的能力感，与外在激励相比，内在激励有更稳定、更持久、更强烈的优势。每一堂课都是一个相对独立的教学单元，连接着下一个教学单元，教师要善于设疑置悬，给学生思考的空间，留给学生回味不尽的感受，把学生的热情延续到课堂之外，学生在课外也能主动探索未知领域，完善自己的知识结构，迁移运用，巩固熟化技能。

要建构生态型课堂就必须发掘和整合各种生态因素，建构"互动·和谐·共生"的教学模式，而这样的研究是一个系统的工程，教师必须学会分析具体的教育情况，依据教学规律和原则，按照效果和节约的观点，有科学根据地选择教学过程的最佳方案。只有运用系统的整体的观点，才能全面地论证最佳的教学方案。

课堂生态因素（包括物质因素、制度因素、文化因素和心理因素等）是众多的，其关系也是复杂的，因此，要用生态系统的观点审视这些因素，以"丰富学生的生命体验、优化学生的生活方式、改善学生的生存状态、促进学生全面协调可持续发展"为宗旨，把研究的重点放在对教学因素的整合上。

第二节　高中生态课堂建设的学习因素

从技术角度而言，影响学生学习效果的最直接因素就是学习方法。

学习方法的形成受学习品质、生活品质、个体因素三方面制约，学习品质包括学习心理、学习态度、学习能力、学习方式、学习内容、学习过程；生活品质包括生活态度、生活能力、生活行为；个体因素包括个性因素、心理素质、身体素质。生态课堂的课堂教与学的效果影响离不开这些学习因素，尤其是学习品质。

一、学习的心理预设

心理预设是一种潜在的语言预设，它对于注意力乃至思维的发散度有着很大的影响。在学习状态的思维活动过程中，打破思维心理的定势是必不可少的重要环节。有时，只要对问题改变一下设想，调整一下进入角度，解决问题的思路就会不期而至，这就是大脑思维转弯、柔化的作用所在。它可以使人们的思维活动不受常规思维定式的束缚、局限，其思维方式、方法、程序、途径等都没有固定的框架，允许思维的自由跳跃，它往往借助直觉和灵感，以突发式、飞跃式的形式寻求问题的答案。

（一）学习动机的心理预设

人表现出的任何行为都有一定的原因，这就是人的行为动机。所谓动机就是激发、维持并使行为指向特定目的的一种力量。它是用来解释说明个体为什么有这样或那样的行为。与能量使物体运动一样，动机促使人行动，动机就好比汽车的发动机和方向盘，既给个人的活动以动力，又对个人的活动方向进行控制。

学生根据自身的需要和外界的诱因，学习前会对自己的学习动机进行心理预设。当自己的各种需要成为个体积极性的源泉，那么学生的各种动机就是这种源泉的具体表现。心理预设个体积极性强的，就能激发动机；反过来，被激发的动机也能引起、维持个体的活动并将该活动导向某一目标，以满足学生的某种需要，实现其愿望和理想等。外界的诱因也是影响心理预设的一个重要因素，如表扬是激发学生学习的精神诱因，让学生心理预设呈积极状态。从某种意义上来说，学生学习动机的心理预设往往取决于自身需要和外界诱因的相互作用，只有需要和诱因相结合才能成为实际活动的动机。

学习动机的心理预设对个体的行为和活动有哪些功能呢？一般来说，积极的心理预设能引发、指引和激励学生行为和活动的功能。首先，学生的活动总是由一定的动机引起；其次，积极的心理预设对活动行为朝着正确的预定反向前进有着引领作用；最后，积极的心理预设对活动行为具有激励功能，对活动和行为起着维持和加强作用，强化活动达到目的。不同性质的心理预设对行为的激励作用是不同的，例如，品德高尚的人，高级动机比低级动机更能激励人。动机预设的强弱也影响激励效果，例如，学生为将来更好地建设祖国而学习的动机预设越明确、越强，学习就越有成效。

（二）学习策略的心理预设

所谓学习策略，就是学生为了提高学习的效果和效率，有目的、有意识地制订的有关学习过程的复杂方案。认知心理学认为学习策略是指运用有关人们如何学习、记忆、思维的规则支配人的学习、记忆或认知行为，并提高其学习、记忆或认知效率的能力。在自主学习研究中，认知策略是研究的核心变量和关键自主学习能力指标。离开有效的学习策略和认知能力，学习将不可能进行和维持。学生对自己的学习过程将采取什么方法策略，在学习开始前就已经进行了心理预设，一般来说，预设能增强学生的自信心、增强学生的自我效能，这一策略将有利于学生学习的展开。

学习策略有主动性、有效性、过程性、程序性四个特点。一般学生采用学习策略都是有意识的心理过程。学习时，学生先要分析学习任务和自己的特点，然后，根据这些条件，制订适当的学习计划。对于较新的学习任务，学生总是在有意识、有目的地预设学习过程的计划，只有对于反复使用的策略才能达到自动化的水平。对学习过程做什么而不做什么，先做什么后做什么，用什么方式做，做到什么程度等方面的问题，学生在学习开始时都会有一系列的心理预设。

学习策略是伴随着学生的学习过程而发生的一种心理活动，这种心理活动是一种对学习过程的安排，这种安排是根据影响学习过程的各种因素即时生成的一种不稳定的认知图式，这种图式可以被学生接受而成为经验，也可以因学生的忽略而消失。因此，学习策略是指学生在完成特定学习任务时选择、使用和调控学习程序、规则、方法、技巧、资源等的思维模式，这种模式是影响学习进程的各种因素间相对稳定的联系，其与学生的特质、学习任务的性质以及学习发生的时空均密切相关，是一个有特定指向的认知场函数。

（三）学习过程的心理预设

学生的学习过程是否充满乐趣，是否能以坚强的意志坚持到最后，学生对过程的心理预设也是至关重要的。一般来说，学生往往注意那些引起他们情绪反应或自己感兴趣的事件、形象和读物，如果学生认为对此工作、学习能胜任，并且兴趣十足，那么可以提高学生的认知水平，激发他们的斗志，提升他们的能力。

在支持学生自主性的生态课堂中，如果学生心理预设积极、学习兴趣浓厚、胜任感强、创新性强，那么他们就更愿意接受挑战。如果学生的心理预设积极，那么，他会认为学习是重要的，从而会使教育目标内化成自己的目标。有经验的教师正是通过给予学生自主性，把他们引向自己特别喜欢、特别有感触、心理预设积极乐观的学习事情上。

（四）学习目标的心理预设

外来的刺激（如奖励、工作反馈、监督的压力）都是通过目标影响动机的。目标能引导活动指向与目标有关的行为，使人们根据难度的大小调整努力的程度，并影响行为的持久性。目标本身就具有激励作用，目标能把人的需要转变为动机，使人们的行为朝着一定的方向努力，并将自己的行为结果与既定的目标相对照，及时进行调整和修正，从而实现目标。目标对动机的影响受心理预设等中介变量的影响，所以，学生在学习过程中，目标设置的预设是否有效、准确，直接关系到学生的自主学习的效果，学生是否具备对近、中、远期具体学习目标的预设，对目标承诺度的高低以及对目标评价能力与学习目标的预设有着密切的联系。

（五）自我效能的心理预设

所谓自我效能，是指个人对自己在特定情境中，是否有能力完成某个行为的期望，它包括两个成分，即结果预期和效能预期，其中结果预期是指个体对自己的某种行为可能导致什么样结果的推测；效能预期是指个体对自己实施某行为的能力的主观判断。对于学生来说，自我效能的预设，简单地说就是学生个体对自己是否有能力完成某类学习任务的心理预设，心理预设积极乐观的，其自信心在学习过程中体现得就强，能够有效处理外界和自身压力下个人学习所遇到的各种问题，自我效能感强的个体在面对学习困难时一般愿意付出更多努力应对挑战，不会轻易放弃学习和相关任务，表现出较强的自主学习能力。可以说，自我效能的预设与学生自主学习的效果成正相关。因此，自我效能的预设是影响学习效果的一个重要的心理预设。

影响自我效能感的因素主要有三类：学习状况或表现、榜样以及他人评价或反馈，自我效能的心理预设在相当程度上是由学生以前和现在的学习状况或表现决定的。

二、学习的方式选择

生态课堂是绿色的、环保的、无污染的，因此是健康的课堂。生态课堂彰显师生主体生命的本真，是呈现生命力的课堂。生态课堂是师生协作、与教学环境共存，师生精神上的和谐，也是师生身与心的和谐。

在这样的课堂内，师生共同促进，协调发展、教学相长、生成新知是共生的课堂；这样的课堂凸显生命，彰显个性，体现主体的多元，焕发生命的多姿多彩，是多样化的课堂。因此，在学习方式的选择上，遵从的原则即和谐、共生、个性、多样化。

（一）同步学习

课堂是师生共同活动的场所，教学是师生和谐、愉悦的共同活动。

◇ 高中信息技术生态课堂实践探究

同步学习是指在教师的直接指导下，全体学生进行的学习。教师要依据课程标准、教学大纲向全体学生集体施教，使学生有所反应并且能反馈自己。

在同步学习中，全体学生必须跟随教师的课程设定进行学习，全班一起活动是它的决定性特点。这种学习方式可以用多种学习方法展开。诸如一起听取教师的讲解，一起观赏电影，听取同学的报告，观察、实验、演示或参加课堂讨论等。同步学习的特色就在于学生的所有活动取向均决定了教师的语言、指示，要求的课题学习内容，使用的教材，问题的讨论等。

这种同步学习可以分为提示型同步学习和师生共同解决型同步学习。

提示型同步学习方式是以教师的教材教学要求为中心展开，所有学生都需全神贯注，学生在接受教师讲述的内容时，做笔记、思考，记住要点，或者有疑提问。这种学习方式的实效取决于下列因素：教师讲述的品质、学生接受的程度与素质、所有学生是否能完全掌握、教师控制班级课堂教学气氛的能力。

这种学习方式是一种高效的学习方式，因为它可以同时推进自己的学习进程。

共同解决型同步学习是全体学生按照教师提出的问题或课题，共同对话或讨论共同解决的同步学习方式。在对话和讨论式的学习中，凭借着自主、能动及有创造性的自我活动，发展灵活的知识，并培养创造与自主活动的能力，而讨论的学习方式对塑造学生积极合作、创意自主的理想社会性格及态度，影响尤为深远。且学生借助主动的自我活动掌握知识，个性化的学习方式也可以纳入其中，有助于学生学习积极性的提高。

(二) 个别学习

个别学习是每个学生单独解决教师所设定的或者自选课题的学习方式。这种学习方式在自习课上可以一目了然，学生各自坐在座位上，单独进行学习，教师可以逐个地介入每个学生的学习过程，给予检查、修正错误和评价。这种学习方式常用于练习和巩固新授知识的学习，也可以用于掌握并扩充新的知识、技能，并且有一个独立的空间形成自己独特的思考。

个别学习方式尤其适用于学习能力强的学生，教师对所有学生设定同一课题时，学生学习的速度可以由每个不同学生的能力决定，每位学生可以要求教师对其追加辅导，或者设定补充题，能力强的个别学生或者是一定数量的学生可以从事经过特别选择的课题。

个别学习源于同步学习，又回归同步学习。当学生需要将集体思考和探讨所得的成果内化为自己的财富时；当学生在同步学习时，思维出错、陷入困境或者学习困难，需要克服其思维错误和战胜挫折时；当学生需要独立的时间通过自己练习掌握一些实际的活动能力和技能时，就得进行必要的个别学习，使得学生在一定的地点，一定的时间潜心钻研，独立思考，回味共同学习时所学习和所思考的知识，并把它统一、同化于自身的知识系统内，或是以自己的速度，用适用于自己的方法进行练习、补习、辅导，使得自己真正掌握一些实际的能力和技能。

从本质上来说，个别学习必须依靠学生自己独立解决问题，完成课题任务，并进行独立地思考和行动。因此，从教育学的角度正确地引入符合目的的个别学习，对于学生自我教育态度与能力的培养都具有特别的意义。学生也可以通过个别独立学习试验各自的力量，评价自身的能力，了解自身的特点，也可以从事学术性和操作性作业的许多技术，从而掌握自主学习的能力。

（三）分组学习

分组学习是班级成员形成学习团体的学习方式，是将班级分成若干小团体，使学生主动地、共同地进行学习的学习方式。分组学习有以下几个特点：

第一，分组学习可以使学生增强集体意识，发展作为集体一员共同地、主动地、自主地从事劳动的能力。

第二，分组学习可以使所有学生的学习态度变得能动，尤其是成绩居于中下游的学生更是可以主动地学习，可以大幅减少同步学习中常见的学习两极分化现象。

第三，在分组学习中，学生凭借它可以积极地获得知识，最大限度地提高能力，同时也最大限度地提高了自主学习能力，在此过程中，学生能动地、自觉地、创造性地掌握知识和技能。

在分组学习时，以教师教学的计划性和系统性为主要原则，分组学习强调集体性作业方式，教师分派到各组的学习课题，必须是在共同作业的框框内，在把握每个学生的特殊表现、特别能力和他们在组内最适合的分工岗位的基础上，对每一个学生都有一定程度要求的自主性课题。分组学习一般有两种情形，一种是所有的组都从事一个课题作业，另一种是各组从事不同的课题作业。此外，各组内部成员也可以从事同一分工或不同分工。因此，纵然在全部分组并且以同一课题进行研究学习的情况下，在同一组内，每一个成员既可以学习同一课题，也可以视课题的复杂性，进行不同的分工。

教师设定或学生自主选择的话题必须有共同合作完成的内容和独立完成然后汇总的内容，要求组内每一个学生都参与，而且最大限度地发挥其自主性的作用。因此，分组学习能使每一个学生都能在解决课题中发挥各自的作用，并且每一个小组成员的研究成果汇成小组的共同成果。小组学习结束后，在班集体内进行评价和报告，让每一个学生都能了解各个组的课题和成果，使每一个组的成果成为整个班级共同的财富。当各组分别从事同一课题学习时，最后进行总结评价时，一旦承认各小组都达到同一认识，那么也就证实了所掌握知识的正确性，使学生对所学的内容产生确信。向各组轮流设定有所变化的课题，或者，所有分组分别解决一定的课题，让所有学生了解过程和结果，可以扩大知识面。

分组学习若有充分的准备，谨慎地加以应用，可以产生良好的学习效果。合作活动必然要交流思想、切磋意见、争论有效方法、增长见识。尤其在各组分工解决课题时，使学生交替发挥各自的作用，促进学生自主活动，可以施展学生的才华，提升他们的能力，有助于他们形成自我教育的要求与能力。

三、学习的内容设置

生命具有完整性、自主性、超越性、独特性，生态是一切生物的存在状态以及生物与生物之间、生物与生存环境之间紧密联系、彼此交织的相互关系。它不仅包含尊重生命、完善生命、提升生命，还点化和润泽生命，为生命的不断发展和完善创造条件。所以生态课堂学习的内容设置也一定是有其遵循的原则。

（一）梯度性

学生认识客观事物、学习基本知识与技能的过程必然是一个由简单到复杂、由浅入深的过程。同时，不同的学生，学习的习惯不同，思维能力有高低之分，接受能力也有一定的差异。所以，要提高教学的有效性，在设计学习内容时，应注意设置内容的连贯性、渐进性，由易到难、由浅入深，前一个内容往往是后一个内容的基础，后一个内容往往是前一个内容的深化，一题多问、一问多解，从不同的角度考察对某个问题的认识和理解，使学生的思维步步深入，以达到应有的高度，这样既训练了学生的思维品质，同时也进一步提高了学生的科学素养，达到了教学有效性的最终目的。

（二）多样性

为了加深学生对新知识的理解及促进知识转化为技能，生态课堂应该在学习内容设置上注重多样性，这是一个非常重要的特点。所以教师可以提供像超市里花样繁多的货品一样的符合不同学生口味的练习供学生选择，学生可以根据自己的能力、兴趣和需要，在"练习超市"中选取一种或几种适合自己的进行练习，而这些练习都是教师针对学生的个体差异而设置的难度不同、数量不同的练习，可以有针对性地促使每位学生得到最大限度的发展。

（三）实际性

构成学习内容最重要的要素是各门学科中应当授予学生的知识内容。它是由各门科学的知识素材组成的，教授必须从各门科学的知识素材中选择那些能够发挥教养力，能够实现一定教育目标的特定知识素材，加以教授和学习。在各门科学的知识素材中，实际性愈强，教育价值就愈高，教师必须从科学、技术、艺术等各门科学的知识素材中选择适合的教育目标，且具有高度教育价值的素材，并尽可能地发挥隐含于这些素材中的实际教育价值。

(四) 多渠道性

所谓的多渠道性是指完成设置的学习内容的多渠道性，生态课堂教学是以学生发展为主体，以实践生命价值为追求，师生富有个性的、自主、自然地实现课程、师生、知识、社会多元多向多层次的互动，不断激发潜能、开启智慧、创造自我，进而实现师生共同发展、持续发展与和谐发展的课堂追求。所以，学生学习内容的设置必须考虑完成的多渠道性，一项或多个学习任务，学生可以依据其最佳完成渠道进行选择，目前学生完成学习任务的渠道有图书馆、网络、实验室、观摩讨论、实地考察等。

四、学习的过程阶段

生态课堂的核心是生态观、科学发展观在课堂教学中的贯彻体现。生态课堂彰显师生主体生命的本真，是呈现生命力的课堂，是学生更科学、更有效、更愉悦、更有成就感的课题。根据实践，可以将生态课堂中学生的学习划分为以下五个阶段。

（一）进入情境

教师有目的、有意识地创设能激发学生创造意识的各种情境，这些情境能促使学生产生质疑问难、探索求解的创造性学习动机。创造性思维活动的表现需要有一定的激发条件，教师在教学中设置问题情境，营造一种学生能够明显意识到的疑难情境，使学生产生认识上的困难或困惑，从而激发他们进行创造性的探索。当这种情境出现时，学生应该尽快并全身心地融入这种情境。

以问题类习题所包含的起始情境与终结情境的目的之间的相互关系作为分类的基础，可划分出以下四类问题情境：第一，在起始情境中给出了全部条件，指出了目的，并且只能有一个答案；第二，给出了全部根据，然而答案不限于一个；第三，没有或几乎没有开始的根据，但有一个明确的目的；第四，它既没有开始的根据，也没有固定的答案。学生一旦进入生态课堂的这几种情境，就进入了一个活泼愉快且创造力无限的境界，一旦自身主动、积极、全身心地融入此境界，获得的收益是无限的。

进入生态课堂，学生会有以下表现：①面临要用理论加以解释的现象或事实；②完成实践性作业产生另一种问题情境；③愉悦地接受教师一次又一次地旨在解释现象或寻找实际运用该现象的途径的问题性作业；④主动地分析生活中的事实或现象；⑤主动提出假想，概述问题，并对结论加以检验；⑥比较和对照事实、现象和规则行为，由此引出问题情境；⑦对比已知事实与新事实，并独立进行概括。

（二）定向问题

在"进入情境"的阶段，学生作为认识主体觉察到有问题的存在。问题的指向是指在全面分析问题情境的基础上确定需要解决的实质性问题，提出问题是思维活动的出发点。因此，从意识到问题的存在并提出问题是创造性思维过程很关键的一步。

能否提出问题与学生对创造性学习活动的积极态度有着密切的关系。学生探究积极性越高，创造的动机越强烈，就越容易从问题情境中辨识出问题的实质。同时，提出问题在很大程度上还取决于学生已有的知识经验，尤其取决于与问题情境有关的特定知识经验与技能。定向问题表示学生主体已经从"问题情境"中分离出一系列相关的问题，紧接着还需要对这些问题进行全面分析，使问题明确化、具体化，即进一步明确问题的实质或关键所在，使问题趋向简单明了。

（三）多向求解

在这一阶段，学生要完成的任务是针对定向问题阶段提出的实质性问题，提出创造性解答的方案或办法。

多向求解是多方寻求答案或寻求多个答案，这个阶段实际上是尝试错误的过程，是使创造性解答的迫切需要与原有的经验、办法、原理之间产生矛盾的过程。作为知识结构相对不完善、生活经验相对不足的学生而言，通常都倾向于用习惯性寻常思维方式的方法去解决问题，学生很少想到要用探索性反常思维的方式使问题获得突破性解决。通过尝试求解阶段的种种努力虽然没有取得成功，但这是解决创造性问题必经的过程。有时尽管所提出的各种假说或方案经尝试解答后失败了，但从失败中吸取了大量宝贵经验教训，大脑处于一种激发状态，为下一阶段的创造性解答活动提供了心理、知识和技术等方面的准备。

（四）创新突破

在这个阶段所要完成的任务是，创造性地提出新的观念（包括新概念、新观点、新技术、新的艺术形象等），并用新的观念将已有的相关知识组织起来，使之系统化、条理化，从而形成解决问题的新办法、新技术、新理论或新的艺术作品。在创新突破阶段，学生应该在教师的及时引导下跳出已知材料的限制，积极主动地寻找与众不同的正确答案。

在这个阶段，要注意围绕整个问题或情境进行深入而宽广的学习探究，尽量扩大自己的感知范围。突破旧观念，产生新的观念或创造性作品是创造性教学过程的关键阶段，在教师运用多种教学方式的引导之下，学生也会产生多种创造性的新观念。

（五）验证反馈

在突破创新阶段产生的新观点、新假说、新形象、新方法以及其他创造性成果是否具有真理性，还必须经过实践的检验。一般来说，建立在直觉判断、类比推测、想象以及组合转换等基础上获得的突破性认识既有真理性，又有不可避免的猜测性、或然性；同时，由于受学生主体认识能力的局限，学生获得的飞跃性认识成果往往表现为片段，模糊，这就说明了验证阶段的不可或缺。

突破创新阶段获得的认识成果，经过实践的反复验证，会产生一系列反馈信息。如果实践的结果证明了学生的整理性，获得的反馈信息会激励学生在新的基础上突破创新；如果验证的结果说明学生的飞跃性认识是不正确或不完善的，反馈信息将起到修正、补充认识成果或激发寻求新的途径与方法的作用。所以这一步是至关重要的，因为它对下一步完整的学习起着重要的推动作用。

以上的五个阶段是生态课堂中学生学习过程的一个大致的划分，在学习过程中是有变化的。在生态课堂的学习过程中，应该根据当时所处的情境、面临的问题以及学生自身思维活动的水平和特点，灵活地、创造性地划分以上阶段。

第三节　高中生态课堂建设的环境因素

一、教室的环境布置

环境对一个人的成长往往起着不可估量的作用，教室是学生生活的重要环境，对于学生的情感、智力等方面的成长起着非常重要的作用。中学生生态课堂建设，必须关注教室的环境布置。这是因为教室环境作为正式课程的重要辅助或补充，它们也一直在"无声"地"教育"着学生。

（一）教室环境布置要关注物质性的课程资源

有了物质性资源的保障，学生才能安心顺心地学习。物质性环境建设的基本目标是建立能使教师和学生广泛受益的学习环境，并持续地运行、维护和更新。物质性建设大到包括多媒体教室、多媒体开发设备等方面的建设，小到教室一桌一椅。

近年来很多学校都很重视这些物质性课程资源,这就大大拓宽了办学空间。学生在一个硬件环境较好的教学环境中,可以调动各方面的感知。整洁有序、优雅美观的教室,朝气蓬勃、积极向上的学习气氛,理解相容、和谐友好的人际关系等都是陶冶学生美好情感、积极态度、健康价值观的最有利的教学条件。对教室环境的布置,需要注重其功能性价值,讲究其在面积、色彩、光线、密度、课桌椅摆放等方面的物理特性,让教室环境具有"无声地说话""默默地育人"的作用,能够产生润物细无声的教育功能。

(二)教室环境也是一种精神性的课程资源

精神性的课程资源在教育的过程中的地位显得尤其重要。教室环境布置对学生的性格、情感、态度和价值观等方面具有十分重要的影响。生态型课堂要积极创设学生自然发展的空间。其次,学生发挥自己的主观能动性,倾注自己的情感、态度、价值观,参与布置教室的活动中,体验自我价值的实现、同学之间的互助关怀等,对自身也是一种很好地教育。

1. 应为他们创设轻松、愉快而充实的氛围

学生在教室的主要目的就是专心致志地学习,整洁优雅的教室是学生舒心学习的一个重要场所。

2. 应为他们创设自然和谐的生态型的环境

一个班级是一个小世界,学生周围的世界是生动思想的源泉,取之不尽,用之不竭。"生态课堂"必须是从生态学的视角关注课堂中的每一生态元素,重构教育理念、师生关系、实践范式,并以此为基点建构的新型课堂,生态课堂应遵循人的生命发展规律和原则,教室的环境布置应符合生态要求,就能促进人的生命走向更加完整、和谐的境界,从而体现教育本质的回归。

教师和学生应该形成这样的共识:让教室成为潺潺流淌的小溪,处处体现自然和谐的生态美,不断带来新的营养、新的风景。学生的好奇心强,只有引起学生注意的东西,才有可能对学生产生影响。因此,教

室里的装饰物标签、黑板报专栏的内容应不定期地更换。更换可以是小范围的、有针对性的。如当班级获得荣誉、学生取得明显进步时,适逢重大节日,开展某项有意义的活动时,都可以更换或增加一些新的内容;变化了的内容不仅能引起学生的注意,给学生新鲜的感受,调整学生的精神状态,更重要的是,新的内容会给学生及时的教育、鼓舞、启发和熏陶。教师和学生是"生物成分",教室环境、课桌椅、黑板、粉笔、多媒体等设施是"非生物成分"。知识就像生态系统中流动的"能量"。在课堂中,知识会随着师生的各种学习和交流活动越来越丰富,并且还可以创造出更多新知识。

二、教学的环境氛围

教学的环境氛围是师生在生态课堂上,通过情感的相互作用构成的心理环境的综合反映,它直接影响着师生的教学行为、教学质量及学生的个性发展。教育心理学认为,基于自然生态的教学氛围之中的师生,大脑皮层处于兴奋状态,教师思路开阔,思维敏捷,授课艺术可以得到最大限度地发挥,学生接受知识信息的能力显著增强,处于生态灵动课堂氛围中的学生,注意力集中,思维活跃,对提问反应迅速,能从多方面搜集组织材料回答问题,从而使思维能力得到良好地发展。

在生态型课堂教学中形成良好的课堂氛围,让学生更深入地把握教材内容,应从以下几个方面入手。

(一) 生态灵活的导入,调动学生的热情

课堂教学非常重视新课的导入,一堂好课必有一个好的开头,以引起学生的兴趣,为解决下面的新问题奠定良好的基础。根据学生的年龄特征和认知规律,在课堂上可以采取自然生态的形式,在这样自然生成的环境中水到渠成。

如挂图设疑、回顾提问、播放音乐、学生表演等生动有趣的活动设置,唤起学生的学习欲望,充分调动学生思维的积极性,使学生处于主动学习的状态,从而形成积极求知的课堂氛围。

(二)采用生态自然的教学作风,减少角色意识

创立生态的师生关系,充分发扬民主,激励学生参与,减少学生角色意识,融洽师生关系,会使学生的心情愉快,思维灵活。而营造宽松、自由、民主的教学环境,能使教学活动达到事半功倍的效果。

营造宽松、自然、生态的教学环境旨在打破常规,实行以教师为主导,以学生为主体的"交流式"教学方式。在这种教学环境中,教师讲课只是起到启发学生、引导学生的作用,而师生及时地交流,会让学生更加深刻地理解和领会知识。这样的教学环境能使教学气氛轻松活跃、富有生气,使学生心情舒畅、思维活跃,注意力、记忆力、理解能力大大提高,想象力也更加丰富。更重要的是通过"交流式"教学,学生真正认识到课堂是自己"学"的课堂,学生自己发现问题、思考问题,教师只是在必要的时候指点一下。知识堡垒的构建,充分利用了学生学习中的天然性、主动性。这样,学生通过思考,自己得出的结论或规律就会理解得更深刻,记忆得更牢固,因而学生对学习的兴趣会更大,调动了学生学习的主动性,使教学活动达到了预期的效果,真正提高了教学质量。

(三)寓情趣于生态互动之中

情趣是一种心理倾向,是一种稳定的心理指向,它对教学活动有着重要的作用,主要表现在学生一旦对该学科产生了学习兴趣,有了热爱之情,就会产生强烈的求知欲望,就会学得积极主动,轻松愉快。孔子曰:"知之者不如好之者,好之者不如乐之者。"这"好"与"乐"准确地概括了情趣在学习中的重要作用。思考是艰苦的过程,更是一个享受的过程。苦苦思索不得其解是痛苦的,但上下求索后豁然开朗带来的那份欣喜,产生效果带来的那份慰藉却是一种享受。因此,教师应注意激发学生的情趣,促进课堂的生态化。

(四)正确看待学生的个性特点和认知差异

不同的人有不同的性格特点,学生也是如此。学生来自不同的家

第四章　高中生态课堂建设的因素

庭,成长环境各不相同,个性特点千差万别,能力水平、习惯各有不同,且正处于发展变化之中。新课程强调,教学是教与学的交往互动,师生双方的相互交流、相互沟通、相互启发、相互补充,充分发掘学生的个性特点,尊重教师和学生的认知差异,尊重学生和学生之间的思维差异,在这个过程中教师与学生分享彼此的思考、经验和知识,交流彼此的情感、体验与观念,丰富教学内容,求得新的发现,从而达成共识、共享、共进,实现教学相长和共同发展。这样的课堂犹如自然生态中各种事物的和谐共处,彼此沟通、充满和谐。因此,作为教师,要正视现实,进而客观公正、心平气和地看待每一位学生,要相信每一个学生。这样做,学生的学习兴趣就能得到增强,主动性就能得到发挥。

(五) 改进传统的教学方式,促进教学和谐发展

学生喜欢的教学方式能激发学生的学习激情,提高教学效率。学生对新鲜事物都有好奇心,且具有强烈的自我表现和好胜心理。基于此,教师应改进教学方法,设计新颖的教学过程,创设生动活泼的课堂情境,开展丰富多彩的教学活动,让课堂成为一曲能存在各种乐器的交响乐。教师的情绪也直接影响教学,教师以饱满的热情、生动的表达、和蔼的表情、赞赏的眼神、积极的评价都会让学生为之振奋,情绪高昂,对学生的课堂学习会产生积极而重要的影响。因此,每次课前,教师都应调整好自己的心态,保持良好的情绪进入课堂,把微笑送给每位学生,用亲切自然的语言表述营造宽松娱乐的教学环境,同时积极把握学生心理,把严肃的问题趣味化、简单化,轻松的问题提高化、理性化。同时在教学中还注意调控情绪,体察、理解学生的情绪变化,激发学生的求知欲望,唤起学生的兴趣,形成生动活泼的课堂氛围。

(六) 创设生态情境,让学生体验获得知识的愉悦

"生态课堂"是人本主义的课堂,所谓生态情境是一种以学生为主体、以人的发展为第一要务的教学情境,是一种珍视"独立之精神,自由之思想"的教育氛围。要让课堂情境生态化,就应该真正把学生作为教学的主体,尊重学生的个性感悟和独特体验,让学生在课堂中感受

"爱意""情意""创意"和"诗意",让课堂充满生命力,促进学生个性的舒展。生态课堂,它是尊重个性,关爱生命,着眼发展的课堂。创设生态情境可以激发学生的好奇心、求知欲、积极性,让他们"跳一跳"获得知识,体验成功的欢乐。创设情境时,往往要注意过程设计的阶梯性。

"学习自情境开始",良好的情境教学有助于激发学生学习兴趣与探求的欲望。知识的获得、能力的提高都是在解决问题的过程中实现的。因此,教师在问题解决过程中,如何创设情境,对于促进学生的思维发展有十分关键的作用。

总之,结合学科自身的知识特点,创设良好的课堂氛围,创建寓教于乐的教学环境,把学生变得"乐学""会学",让学生在愉悦的环境中得以获取知识。当然课堂教学之所以充满活力,在于它的多变性,不可重复性和创造性,这也正是它的魅力所在。

三、师生的互动心理

现代教学论指出,教学过程是师生交往、积极互动、共同发展的过程,生态型课堂要更加重视师生间的互动。

教师要处理好传授知识与培养能力的关系,注重培养学生的独立性和自主性,引导学生质疑、调查、探究,在实践中学习,促进学生在教师的指导下主动地、富有个性地学习。

关于"师生互动",心理与社会学理论认为,无论是教师一方还是学生一方的心理与行为变化都会对对方的心理与行为产生影响,这种现象被称为"互动现象"。因此,广义地讲,凡是能调动学生积极思维,完成认识上两个飞跃的各种教学活动和措施都可以看成是师生互动。

真正意义上的师生互动是说,在这个过程中,教师必须把学生当成独立的生命个体对待,师生之间是平等对话的关系,这样才能达到师生双方之间的相互交流、相互沟通、相互启发、相互补充的目的,在这个过程中,教师和学生分享彼此的思考、经验和知识,交流彼此的情感、

第四章 高中生态课堂建设的因素

体验与观念，丰富教学内容，求得新的发展，从而达成共识、共享、共进，实现教学相长和共同发展；要把学生当作一个"互动关系"中的独特个体看待。因此，生态型课堂追求的课堂互动，应该从挖掘深层次地对话、沟通上进行，即追求心理互动，获得"自然和谐、互动生成、愉悦高效"的生态课堂的效果。

在生态课堂上，师生之间的互动，教师要充分关注学生。

(一) 相信学生完全有学习的能力

教学中，教师要真正把关注的焦点放在学生身上，每个学生都是鲜活的个体，教师要尊重他们的个性特征，要充分给予学生信任。多想想学生在做什么，需要什么，依据他们的学习情况，灵活地安排每一个教学环节。

教师的教是为学生的学服务的，只有相信学生，把时间还给学生，为同学创造机会，才能激发学生的主体精神和创造的欲望，才能使每个学生都能成才，每朵花儿都尽情开放，这才真正体现了教学的生态性。

一般来说，每个学生都有参与教学活动的愿望与需要，所以更需要教师创设一定的条件与教学情境，运用多种策略与手段激发互动热情，一般可采取以下两种激励措施。

一是成功激励法。每个人都渴望成功，成功会让学生感受到努力之后的喜悦，而这种喜悦与信心又会转化为强大的动力引导下一次的成功。所以，教师应该因材施教，帮助不同水平的学生制订不同的目标与任务，使他们在竞争中感受成功的喜悦，在此之上给学生以新的期待，这样才更能激发他们的潜力。

二是评价激励法。对于不同水平的学生要采取不同的评价机制激发学生学习与交往的主动性。对于优等生，要进一步培养其进取心；对于后进生，要保护其自尊心，并给予更多的关心与关注；对于性格内向自卑的学生，则要以情动人，使其感受到温暖，并转化为学习与交往的动力。

(二)摆正位置,把机会交给学生

教师只有平等地与学生交朋友,才能得到学生真正地信赖。在日常的学习生活中,教师以情换情,会让学生倍感亲切,并把这种"情"视为对他们极大地尊重,从而爱上其所教的课。当学生心理处于"乐于接受"的状态时,变被动学习为主动学习便能实现。因此,教师对学生应该多鼓励,善于激发学生为理想而奋斗的热情,并常用暗含期望的话语激励学生。摆正位置,把机会交给学生,使每个学生都尽可能地得到发展,这才是生态的课堂。所以,教师应该努力弘扬博爱精神,真诚地去爱每一个学生,只有这样,教师才能获得所有学生的爱戴,平等参与学生的研究,并充满自信地开展教学活动。

教师要尊重学生。教师以平等的姿态对待学生,尊重学生的人格与自由。教师对学生的尊重体现在以下几个方面:一是尊重学生的兴趣与自由;二是尊重学生的情绪情感,每个学生都是一个小宇宙,都有独立的情感世界;三是尊重学生的个性差异;四是尊重学生的理想与志向,每个学生生存的环境的不同,志向也就不同,所以教师需要采取正确的方法,对学生积极鼓励并加以引导。

(三)师生互动,激发学生,让课堂"鲜活"起来

课堂应该充满思想,充满人文精神,充满智慧。鲜活的课堂必须是一座大森林,里面要有大树,也要有小树苗,可以有虎啸山林,也可以是鸟鸣枝头,无论是哪一种,都该是生动而充满生机的。

在课堂教学中,教师是"导演",要善于挖掘教材,结合利用知识点的学习,创设激情问题,促使学生创新思维真正"动"起来,引导学生学习教材,让学生有新的发展,进行新的开拓。教师要留足时间,让学生眼、耳、口、脑、手等多种器官都被调动起来。教师必须全身心地投入进去,在教学设计中根据教学需要设计切实可行的教学目标,让学生兴趣盎然,有的放矢。

教师也同样需要在经验或观念上得到必要的支持与帮助。所以学生也应关心教师。总之一句话,就是需要师生一起加强互动性,这样才能

让学生的学和教师的教都变得更加轻松、更加有效。

师生互动的功能是多种多样的。作为一种交往，师生互动具有传达信息和满足个体心理需要的功能。交往具有信息沟通、思想沟通和情感沟通等功能。从教学的角度看，师生互动让教师贴近学生，以情动人、以理服人，让学生充满激情地学习，从教和学两个方面提高学习效率。

师生要时刻调整自己的角色，使二者相互认同、相互匹配，形成良好和谐的师生互动。

总之，师生互动作为一种重要的教育教学，不仅能促进师生之间的交流，增进师生之间的了解，更能提高教学效率，使学生真正成为学习的主人。随着时代的变化，师生之间出现了新的变化，因此，在实现全面师生互动的过程中，还要与时俱进，付出更多的努力。

四、班级的文化气息

对于学生来说，良好的班级能给他们的学习和成长提供向上进取的动力。生态型课堂建设要充分利用班级文化建设。班级文化能使一个班级在一定的物质和精神引领下向着更有生命力、凝聚力的方向不断前进；并激发学生个体追求个性健康、积极进取的人格精神，有利于班级与个体共同成长。班级文化一经形成，师生、生生之间就会形成一种亲密融洽的氛围。师生之间、同学之间亲密无间，有问题认真帮助解决，有争议一同讨论；大家互相督促，学会竞争，形成浓厚的学习风气，每个学生都是班级主人……这些对学生的成长能够起到积极的推动作用。

班级文化包括教室文化、宿舍文化、精神文化等，营造良好的班级文化氛围，具体应做到以下几个方面。

（一）重点抓好教室文化建设

教室是学生学习的主要场所。教室文化就是指教室里的布局、设计和各种装饰等，这是可视部分。这些充分体现了教师，特别是班主任与学生的能力，是其智慧的结晶，对学生起着潜移默化地影响，这是班级文化的"硬件"，它是班级文化最直观的外在表现形式，既是班级精神面貌的具体反映，也是衡量一个班的班级文化最基本的尺度。高品位的班级物质文化，对学生具有潜移默化地教育影响力和感染力。

一个整洁、优美的环境，给人以清新的感觉；可以为学生营造一个优美、催人奋进的学习环境。这种氛围有利于学生养成良好的行为习惯，能够起到开发学生智力、挖掘学生潜力的作用。

1. 健全班级的卫生角、图书角、班务栏、板报栏及小组评比栏

在卫生角处应尽力将扫除工具合理布局、摆齐；在图书角应让学生带一些有意义的书籍，互相阅读、资源共享、开阔视野，会给写作带来一定的好处；班级的板报每隔两周更换一次，让学生自己组织，自己动手去做，不但能学到很多知识，还能展现学生的一技之长；充分利用好各小组间的评比，组与组之间进行比赛，能调动学生在各方面的积极性，适当的时候做一下物质奖励，能激发学生向目标冲刺的激情。

2. 充分利用墙壁空间

教室墙壁文化不仅可以美化教室，带给师生一个舒适的工作、学习环境，如果能充分利用起来，还可以推动班级管理工作健康有序发展，有利于学生的成长。因此，要使教室的每一面墙壁说话：可粘贴开学初学生经过投票选举选出的各种目标的优秀学生照片，一方面是为了表扬这些先进学生，另一方面也能更好地让他们自我督促，做好其他学生的榜样；也可把学生的优秀作业或竞赛佳作粘贴在上面，让大家共同学习；或粘贴一些学生的丰富多彩的课外生活，给学生的学习生活中带来一丝清新；此外，张贴一些励志性的、具有教育启发意义的语录用以激发学生学习的积极性是必不可少的，让学生在学习的同时也学会做人。除了室内布置之外，也可以对教室的名称进行适当的命名，形成个性化的班级，以体现班级的奋斗目标，凝聚人心。

（二）抓好学生的宿舍文化建设

制订具体的宿舍管理办法抄贴在宿舍内。如被子折叠、洗漱工具、清扫工具的摆放等都有明确要求。这样学生一进入宿舍就能让人有一种

舒心之感。悬挂、张贴书法、美术作品及催人奋进的名言以及舍内简单的花草点缀……这些能有意无意地感染学生，熏陶学生。

宿舍是学生生活的主要场所，风格优雅、整洁美观、舒适宜人的生活环境有利于陶冶学生的情操，促使学生养成良好的生活习惯。"干净"就是美，"整齐"就是美，围绕"身净、物净、思想净""人美、室美、心灵美"，鼓励学生创造美，让学生动手亲手装饰宿舍。

宿舍文化氛围的形成、良好育人环境的创设是一个长期的过程，一旦形成将会持续稳定发挥其德育功能。学校应该把学生宿舍当作育人的场所，营造良好的文化气息培养学生良好的习惯，熏陶学生的道德情操，训练学生的生活技能，净化学生的思想，这样学校的德育工作才能真正落到实处。

（三）要注重精神文化建设

对班级而言，精神文化指班风、班貌，班级全体人员所共有的价值观、审美观等，这是班级文化中深层次的内容。这种文化是无形的，是班级文化的核心，一旦形成，就给班级注入了强大的活力，使班级具有较强的凝聚力、感染力。组织学生开展各项活动，进行各种竞赛……这些也能激发学生的学习热情，更好地开阔学生的视野。注意强化学生的主人翁意识，让学生树立使命感、荣誉感。这些风气一旦形成，学生就会产生自豪感与自信心。

班级精神文化建设的第一要素是班级教室的精神文化布置，它要求体现班集体的奋斗目标与特色。班级名称、口号和班训，言简意赅的班级集体奋斗目标，张贴在教室的醒目之处，每天早上要求全班大声齐读一次。

抓好班级的文化建设，不但有利于形成良好的班风、学风，也有利于教会学生如何与人相处，如何做人。怎样加强班级的文化建设，努力营造积极向上的文化氛围，已经成为班主任首要的、必须思考的工作。成功的班级文化建设是班主任管理水平的体现，也是促进学生发展的重要举措。

第五章 高中信息技术生态课堂创新教学实践

第一节 高中生态课堂的建设

一、高中生态课堂建设的理性认识

(一) 从哲学角度审视

基于马克思主义人性观和人的发展观，高中生态课堂建设实际上是从教学环境、教学过程、师生相处等各个环节优化构建课堂，体现了社会存在决定人们的意识，体现了人的发展受制于环境又制约着环境等马克思主义哲学观。

存在主义教育以人的存在为研究对象和出发点，强调教育要以人为本，强调人的自我创造、自主生成，教育的着眼点应该是人。它非常注重情感教育、人文教育、品格教育和个性教育，个人的自由发展、自我实现是教育的主旨所在。存在主义教育也非常注重教师与学生的平等关系和主体性，强调学生在教师的帮助引导下自由选择、负责任地成为自由的人，以个人的自我实现为目标。教育是师生主体间自由交往的过程，师生间的交往是师生双方精神的交流、心灵的沟通，师生之间是"我—你"的关系，双方都不把对方作为实现自我目的的手段，因此，能够真诚地赏识对方、悦纳对方，这体现了师生间的平等关系，师生间充满相互信任和真诚的对话。教育是精神成长的过程，教育应是促进人的知、情、意统一发展的过程。

(二) 从教育心理学角度审视

建构主义教育比较好地说明人类学习过程的认知规律，即能较好地说明学习如何发生、意义如何建构、概念如何形成以及理想的学习环境应包含哪些主要因素等，在这一思想指导下可以形成一套新的比较有效的认知学习理论，并在此基础上实现较理想的建构主义学习环境。

建构主义在教学设计上看重两大部分：一部分是学习环境的设计，另一部分是自主学习策略的设计。环境的设计实际上是要求设计能提供一种有利于学生自主建构知识的良好环境。可见，学习环境是促进学习的外部条件，是外因。另一方面，由于建构主义理论的核心是学生的"自主建构"，这就要求学生应具有高度的学习主动性、积极性。调动这种主动性与积极性要靠自主学习策略，包括支架式、抛锚式、启发式、自我反馈等策略，这些自主学习策略可以有效地激发学生的主动性和积极性，是诱导学生自主学习、自主建构的内因。

生态课堂建设比较注重教学环境营造，这通常包括"情境创设""信息资源提供""合作学习的组织"等环节。信息资源的提供也是如此，互联网资料浩如烟海，这时需要教师引导筛选。又如合作式学习（建构主义很强调合作学习），合作学习有多种方法，有讨论、有辩论、有竞赛、有角色扮演等。围绕什么主题讨论、辩论，如何提出初始问题以及怎样提出后续问题，又怎样一步步把问题引向深入，都可以师生合作完成，既要发挥教师的主导作用，又要培养学生的自主学习能力。

二、高中生态课堂建设的实践内涵

高中生态课堂以促进学生生命发展为本，关注学生的生活经验，尊重学生的生长需要，遵循中学教学的规律，以新课程新课改为指针，是师生共建的、生态的、在一定时间内实现教育效益最大化的课堂。它是一个包含多种因素动态发展的复杂系统，是一个由教师、学生、课堂自然环境、课堂人文环境四个要素组成的动态平衡、开放有序的微观生态系统。它的突出之处在于，用生态学的原理审视课堂，以生态的眼光、

第五章　高中信息技术生态课堂创新教学实践

态度和方法思考、分析和解释复杂的课堂教学问题,并以生态的方式进行课堂教学。它的课堂实践力求呈现"五给十化"的特点,"五给"指给学生创设宽松的、有支持性的成长环境,给学生创设激发自信心的、有表现性的心理环境,给学生创设平等和谐的、有智慧性的教学氛围,给学生创设探索性的、有参与度的时空,给学生创设自主活动的、有体验性的实践机会;"十化"是强调课堂教学生活化,学生学习主动化,师生互动有效化,学科教学整合化,教学过程动态化,教学内容结构化,教学策略最优化,教学资源综合化,教学对象个别化,教学评价多元化。为此,在生态课堂的实践上提出了下列必须遵循的基本原则。

(一) 生命性原则

生命受之父母、成于社会,凝聚着众多情感,寄寓着无限希冀。生命要活出自身的圆满,活得丰富、充实而有意义,除了需要有良好的生活环境外,还需要教育的呵护和完善。生命教育是漫漫人生路上的必修课,把教育和生命发展结合起来,这才是素质教育的精髓所在。课堂是教育教学的主阵地,高中生态课堂建设应有对学生进行关爱生命的教育,培养学生关爱生命的意识是每个教师每门学科义不容辞的责任。它指在体现学科特点的基础上,凭借课堂教学渠道"有意识、无痕迹"地渗透关爱生命的教育,包括善待生命、身体健康、心理健康等。生命性特征就在于教育学生认识生命,引导学生欣赏生命,期许学生尊重生命,鼓励学生爱惜生命。被尊重的学生才会自重自爱,高中生态课堂建设就在于让学生在课堂接受教育的过程中,不仅学习到知识技能,还应在其得到生命教育的涵养后,知识技能可以对社会有用,同时让学生提升生命质量,让学生生活愉悦。

(二) 生活性原则

我国教育家陶行知提出:"生活即教育。"到处是生活,即到处是教育;整个社会是生活的场所,亦即教育之场所。课堂教学作为生活的一部分,自然具有生活的本质特征,自然强调生活性教育,强调生活与教育的一致性,突出生活的教育意义。生活性教育,必须在生态课堂建设中展现或体现生活目标教育、生涯规划教育、人际关系教育和耐挫教育。

(三) 生长性原则

教育是为了促进人更好地生长。教育目的是教育过程内的目的，这个目的就是"生长"。因为生长是生活的特征，所以教育就是不断生长。所以教育应当为学生做的是为他们的一生打下良好的基础。由此可见，高中生态课堂建设更应突出体现生长性特征，其核心价值观是"健康成长"。生长教育的目的在于关注学生、尊重学生，使教育和教学适合学生的心理发展水平，满足他们的兴趣和需要。基于此，根据学生的生长规律，高中生态课堂建设中应关注学生习惯的养成，培养学生学会做人、学会学习；关注学生兴趣的培养，激发他们的健康兴趣；关注学生的闲暇生活，帮助他们合理安排闲暇生活；关注他们生活学习的积极性，通过多种方式激励他们。

三、高中生态课堂建设的实践要素

(一) 教学因素

生态型教学理念必须着眼于用系统观、整体观、联系观、和谐观、均衡观审视诸多教学因素，因此，这些教学因素便具有了新的内涵。

1. 教师的角色定位因素

青少年是未来的主人和栋梁，将承担建设祖国、开拓未来的责任，而教师是此时肩负这一责任的桥梁。因此，无论在校园、课堂、课间，还是日常生活中，教师的良好品德形象，无疑会影响学生的课堂接受程度。在学生心目中，教师是真理的化身，是前行的灯塔，是天上的北斗。教师的言行举止，教师的高风亮节，学生看在眼里，记在心里，学在行上。"学高为师，身正为范"，说的就是教师的品德定位，也是教师的行为定位，教师要以行为塑造行为，"言必信，行必果"。教师应不断检验自身的行为，以举止端庄、一身正气出现在学生面前，他们是学生人生之路的引路人、激励者、影响者。

第五章　高中信息技术生态课堂创新教学实践

随着现代社会的高速发展，面对日新月异的社会实践，面对知识经济的持续挑战，面对信息网络的扑面而来，传统文化中的精华经过洗礼重放异彩，教师处在文化阵地的前沿，要适应这些变化，就要不断学习，不断更新知识结构，既当先生，又当学生，教师更应该懂得学习、热爱学习。只有德才兼备，学习不止，进取不止，教师才能赢得学生的信赖。教师的继续学习，知识更新会直接影响学生综合素质的提高，他们是学生知识学习的引领者、呐喊者、陪跑者。

2. 教学目标的确立因素

教学目标是学校教育目标的具体化，是教学活动要达到的预期结果。它有教学总体目标与教学具体目标之分，根据高中课程标准的总体要求、高中教材的特点、学生学习的实际情形、社会和时代的需求，可将教学目标分为知识与技能、过程与方法，情感、态度和价值观。

（1）知识与技能，是三维目标的核心

它具有相对的显现性，知识的丰富或贫乏，技能强或弱，对于学生而言，是客观的知识和能力结构；对于教师而言，在教育测量和评价中易于操作。课堂教学中，显然要追求知识和技能的最大化、最优化。

（2）过程与方法，是伴随知识技能的学习而产生的行为、意志和倾向，是三维目标的灵魂

在教学实践中，学生知识和技能的习得会受到教学方法、学习方法，包括学习习惯、学习过程等行为的影响。良好的方法是经过长期教学实践和学习摸索而形成的，包括经验、习惯等，是很具个人化的宝贵财富。学习不同的知识技能，应具备相应的方法和过程。

（3）情感、态度和价值观，是知识与能力在学生头脑中的客观反映和主观判定与取舍

这一目标具有行为意志的倾向性和隐秘性，往往不能使用一种模式或手段进行定量测定。课堂教学中，就应有爱国主义教育、为人民服务教育等内容；同时根据不同的内容，引导学生树立正确的世界观、人生观、价值观。

3. 教学重点的设定因素

教学重点是针对教材中的学科知识系统、文化教育功能和学生的学习需要而言的，它包含重点知识和具有深刻教育性的学科内容。重点的形成主要有以下三个方面：从学科知识系统而言，重点是指那些与前面知识联系紧密，对后续学习具有重大影响的知识、技能，即重点是指在学科知识体系中具有重要地位和作用的学科知识、技能；从文化教育功能而言，重点是指那些对学生有深远教育意义和功能的内容，主要是指让学生终身受益的学科思想、精神和方法；从学生的学习需要而言，重点是指学生学习遇到困难而需要及时得到帮助解决的疑难问题。重点可分为知识重点、育人重点和问题重点；而按重点的地位和作用又可把重点分为全书重点、章节重点和课时重点。全书重点一般是贯穿于整个学科重要的学科思想、方法和起核心作用的学科知识与技能，它是重点的最高层次。

4. 教学节奏的推进因素

"互动·和谐·共生"的生态课堂实践模式完全打破了简单化的思维定式。它必须全方位考虑影响教学节奏的各个因素，尤其是知识内容、学生心理和教学计划，有人把它定为三个维度，即知识、学生、教师。节奏推进的疏密、轻重、难易、快慢，均取决于教师能否让教学过程最优化。呈现课堂教学节奏之美应有以下几个指标。

（1）快慢适中的教学速度

教师应该对教学内容和教学环节的时间分配能有效控制和灵活调节，对课堂教学的重点和难点把握准确到位，对疑难点与思维密度大的环节能放慢速度，详细讲解；对一般性内容则言简意赅。在目前形势下，训练学生适应快节奏课堂教学是必要的，心理学上认为适度紧张的节奏能使学生保持高度的兴奋性，使学生的注意力、思维力和求知欲保持旺盛状态，能有效地提高课堂教学效果。

（2）详略得当的教学内容

教师在告知学生目标、激活相关知识、呈现刺激材料、提供学习指导、引发学习行为、评估学习行为等各个阶段上是基于教材内容、教学目标制订相应的教学计划并进行备课，做到编排有序、详略得当。重点难点应详而又详，反复敲打；非重点内容则简略甚至一带而过。而课堂教学过程中，教师还应针对学生情绪心理的变化，及时调整教学内容，疏密合宜。而这种疏密相间的教学内容，也会给学生带来有张有弛的心理节律，保持旺盛的学习精力。

（3）起伏跌宕的教学过程

课堂教学过程中形式的间隔变换容易形成动静结合、跌宕起伏的教学过程，有助于学生消除疲劳，保持注意力，提高学习效率。

（4）抑扬顿挫的教学语言

教师的教学语言要有丰富的表达力和感染力，要讲究节拍的强弱，力度的大小以及语气、语调的变化。当教师语言流畅连贯，波澜起伏，时如飞瀑直下，时似细流潺潺，才能吸引学生，激发兴趣，拓展思路，优化教学。

（二）学习因素

影响学习的因素有很多，但不外乎两大类。一类就是指学生的内部因素，包括观念、方法以及智力因素（注意力、记忆力、思维力）与非智力因素（学习动机、学习兴趣个性与情绪、学习态度、学习习惯等）；第二类就是指学生的外部因素，包括社会教育环境、家庭教育环境、学校教育环境三个方面，其中学生的非智力因素是关键因素。

非智力因素是指人的意向活动在改造客观世界的过程中，逐步形成的一系列稳定心理特点的综合。人的一生中有两大任务，一是认识世界，二是改造世界。认识世界的活动反映在心理上就表现为认识活动，如感知、表象、思维、记忆、注意等。这些认识在认识客观世界的过程中会逐渐地形成一系列更稳定的心理特点，可以称之为智力因素。改造世界的活动反映在心理上就表现为意向活动，如需要、兴趣、情感、意志等。这些意向在改造客观世界的过程中也会逐步形成一系列稳定的心理特点，可以称之为非智力因素。

◎ 高中信息技术生态课堂实践探究

具体的非智力因素是指对狭义的非智力因素进行分解，并根据它们对学习作用的大小、关系疏密程度，选取12个基本心理因素构成具体的非智力因素：从动机中分解出来的有成就动机；从兴趣中分解出来的有求知欲望；从情感中分解出来的有学习热情、责任感、义务感、荣誉感；从意志中分解出来的有自制性、坚持性、独立性；从性格中分解出来的有自尊心、自信心、好胜心。

非智力因素对学习的作用是间接的，是学习过程的心理条件（影响学习的过程及其效果，但不是学习活动本身）。智力是学习活动的执行—操作系统，非智力因素是动力—调控系统；智力在学习中具体表现为"五会"（会观察、会记忆、会想象、会思维、会注意）；非智力因素具体表现为"五学"（愿学、好学、乐学、勤学、自学）。

具体而言，对学习有影响的主要有以下几个因素：

一是学生自身因素，这里有先天性因素，也有后天习惯因素。由于每个人的遗传基因不同，人先天性智力有差别。先天性差距不可能改变，但后天养成的习惯则能引导人走向成功。良好的习惯对于每个人来说，都是事业成功的一块基石。良好的学习习惯是学生必备的素质，也是学习的最基本保证。拥有良好的学习习惯的学生，能够聚精会神地坐上几小时，学过之后便毫无顾虑地玩，学习成绩很突出。

二是学习的方式和手段，每个学生在学习时都有属于自己的接受和加工信息的方式，如表现在对学习环境的偏好，对学习内容组织程度的偏好等。

三是学生的个人意志。意志是指人有意识地支配和调节自己的行动，经过一个较长的过程中达到预期目的的心理过程。学习活动是个较为漫长的、渐进的、持续的过程，这个过程的顺利实现必然要经历主观与客观的诸多困难，又必然取决于学生的意志力状况。

以上几个方面会对学生的课堂学习有影响作用，但学生的学习是多元的，影响学生学习的因素也往往是多元的。

（三）评价因素

评价是一个应用非常广泛的词，它泛指衡量、判断人物或事物的价值。评价的过程则是对人物或事物的价值进行分析、衡量和判断的过程，一般包括事实判断和价值判断。无论是事实判断还是价值判断，都需要以事实为依据，通过多方面的资料收集，对人物或事物的价值进行评判。高中生态课堂的实践研究的评价着力点在课堂教学评价。

课堂教学评价是与课堂教学有关的测量与评价的总称，是指为促进学生学习、改善教师教学而实施的，对学生的学习过程与结果、教师的教学所进行的测量和评价。在实际应用过程中，对教师、学生所进行的测量和评价之间相互有所包含，特别是那些测量和评价教师课堂教学的工作通常也会包含对学生学习结果的测量和评价，它主要遵循以下三个原则。

1. 多维性原则

多维性原则是指在课堂教学评价中，应该从多种角度、运用多种方法对课堂教学的过程和课堂教学的结果进行评价。具体体现在三个方面，首先是评价内容的多维性，评价中必须考虑课堂教学的各个方面，包括课堂教学的各个流程、教师的教学能力与方法、课堂教学的若干要素、学生参与的广度与深度等。可以根据评价的目的有侧重地进行选择。其次是评价主体的多维性，要求评价主体既有课堂教学之外的人员，如研究者和教育管理者，也应有课堂教学实施的主体教师与学生，同时还应考虑同事或同伴的参与，改变原来单纯的他评方式，重视自评和互评。最后是评价方法的多维性，它要求课堂教学评价更多地采取观察、成长记录袋、真实性评价等方法进行多方面多角度多层次的评价，既要重视客观、量化，也要重视量化和质性评价相结合，以质性评价统整量化评价。质性评价更关注复杂而丰富的课堂教学过程，强调教学过程的完整及其间真实的表现。

2. 过程性原则

过程性原则是指把评价对象当前的状况与其发展变化的过程联系起

来，由一次性评价改变为多次评价。它强调以教育教学过程中评价对象的表现作为评价的主要内容，以促进评价对象的发展为根本目的，体现满足社会发展需要与个体发展需要的辩证统一，使评价过程成为促进发展和提高质量的过程。它有三个基本的特征：一是把全部有价值的教育教学活动都纳入评价的范围；二是在方法论上量化研究与质性评价并提；三是受"实践理性"的支配，强调评价者与评价对象之间的交流和相互理解。

3. 真实性原则

真实性原则是指课堂教学评价，特别是学生学习结果的评价，强调在真实生活情境下对学生的发展进行评价，在真实性评价中应该包括真实性任务，即某一具体领域中专家可能遇到的真实的生活活动、表现或挑战。

第二节　高中信息技术生态课堂的构建策略

一、高中信息技术生态课堂的内涵

高中信息技术生态课堂指的是从生态视角审视高中信息技术课堂中环境、教师教学、学生学习、教学效果、师生评价等诸要素，各要素之间达到动态的平衡，在平衡中寻求发展。区别于传统课堂，高中信息技术生态课堂具有以下特征。

（一）整体性

整体性是生态系统最重要的特征，也是高中信息技术生态课堂最基本的特征。生态课堂是一个有机的生态系统，是由课堂环境、师生活动、课程内容等各个生态因素相互联系、相互作用而构成的一个有机整体。

高中信息技术生态课堂的整体性主要体现在以下几点：

一是课堂中的学生是一个独立的整体的人，要强调学生的整体发

第五章　高中信息技术生态课堂创新教学实践

展。生态课堂的教学目标是以知识与技能，过程与方法，情感态度与价值观构成的三维目标，强调学生整体的发展。

二是课堂本身是一个整体。课堂中的各要素，如教师、学生、课堂环境、教学目标、教学内容、教学方法、教学评价等都有其存在的价值，相互联系、相互作用、缺一不可，每个要素都要与课堂这个整体相互和谐共存。

三是教师的"教"与学生的"学"构成有机的整体。教师的"教"必须以学生的"学"为目标，以学定教。学生的"学"必须以教师的"教"为指导。教师的教学活动必须根据学生的实际情况、身心发展的特点进行。学生的学习活动的状态也在影响教师，学生的学习兴趣、学习活动的参与度直接影响教师在教学活动的情绪。

四是教学评价体现整体性。多元的评价体系更注重过程性评价与总结性评价相结合，教师评价与学生评价相结合，自评与互评相结合。

（二）开放性

开放性是生态系统的特征之一，生态课堂也具有开放性，高中信息技术生态课堂的开放性主要表现在四个方面。

一是教学目标的开放性。教学目标要根据学生的具体情况而定，它是可以根据学生的学习状况进行调整的。

二是教学内容的开放性。信息技术学科的特点是发展日新月异，具有很强的生活性，教学内容也要随着信息技术的发展不断变化。要充分利用教材，对教材进行二次开发。

三是教学过程的开放性。信息技术课堂是动手的课堂，学生技能的掌握要在实践中获得。生态课堂追求的是学生自主的探究，任务驱动、分组合作的教学模式常见于高中信息技术生态课堂中。

四是教学评价的开放性。信息技术生态课堂中的教学评价不仅是教师对学生的评价，学生的自评和学生之间的互评与教师的评价互为补充，电子档案袋的使用实现了多元的、过程性的评价。

（三）多样性

多样性就是差异性。高中信息技术生态课堂的多样性体现在分层教学的思想上。高中学生的信息技术不是零起点，学生个体之间存在着非常大的差异。每个学生的个性特点、学习习惯、认知水平、技能水平都是不同的。因此，为了满足不同学生的学习需要，就要分层次地制订学生的学习目标、学习内容及评价方式，让每个学生都得到发展，提升信息素养。

（四）共生性

共生性指的是两种生物或两种中的一种不能独立生存而共同生活在一起，或一种生活于另一种体内，互相依赖，各能获得一定利益的现象。共生有偏利共生和互利共生两种形态。

课堂教学中也存在着这两种共生关系。竞争与合作是教学活动中经常出现的行为。适当的竞争有利于激发学生的学习动机，提高学习的效率。合作是有效的学习手段之一，良好的合作体现在学生之间存在互利共生关系，这是教学活动中希望达成的关系。

在师生关系上，互利共生的师生关系使教师和学生相互依赖、相互促进，教师和学生关系建立在平等对话的基础上，这样的师生关系是构建信息技术生态课堂的前提条件和有效保障。

（五）动态平衡性

平衡是在一定的时间和相对稳定的条件下，生态系统内部各部分的结构和功能均处于相互适应与相互协调的动态平衡。动态平衡是生态课堂所追求的理想境界。生态课堂就是要让课堂中的各要素保持动态平衡，始终处于平衡—不平衡—平衡的过程中。师生之间的平等对话让师生之间建立起一种相互促进、共同发展的良好关系，是实现课堂动态平衡的有效保障。

（六）可持续发展性

高中信息技术生态课堂是以教师与学生的共同发展为本的，要让教师和学生都获得持续的发展。高中信息技术课程的目标是提升学生的信息素养，这就要求教师要关注学生信息素养的提升，要培养学生自主学习的能力，树立终身学习的理念，为学生今后的持续发展奠定基础。

二、高中信息技术新课程教学理念

《基础教育课程改革纲要（试行）》明确指出，倡导学生主动参与、乐于探究、勤于动手，培养学生搜索和处理信息的能力，获取新知识的能力，分析、解决问题的能力以及交流和合作的能力。可见，新课程改革主要是要改变学生的学习方式，让学生进入主动探究的学习境界，新课程教学理念更注重学生能力的培养。

高中信息技术课程改革将培养目标定位于提升学生的信息素养。信息素养包括：信息的获取、加工、管理、呈现与交流的基本能力；对信息及信息活动的过程、方法、结果进行评价的能力；流畅地发表观点、发表思想、开展合作并解决学习和生活中的实际问题的能力；遵守道德与法律法规，形成与信息社会相适应的价值观和责任感。而信息素养的提升具体是通过落实"知识与技能""过程与方法""情感态度与价值观"的三维目标实现的。

新课程理念突出了信息技术教育的人文性，文化取向和技术取向相辅相成。技术取向是信息技术课程的长久以来的特点，信息技术作为一项工具，技术是它的基础。高中信息技术课程的目标不仅要让学生学会技术，更要让学生使用这些技术学习并解决问题，提高学生用信息技术手段分析、处理问题的意识和能力，提升学生的信息素养。

三、构建高中信息技术生态课堂的策略

（一）营造健康的课堂环境

高中信息技术课的主要教学场所是机房，机房中计算机等电子设备带来的污染是影响机房环境的最关键因素，而减少这些电子设备的污染就成了最关键的问题。

在规划一个机房时要注意以下几点：

第一，机房的规模以实际需求为准，不要放置过多的备用计算机。

第二，选择计算机时尽量选择辐射噪声较小且对学生眼睛伤害略浅的液晶显示器。

第三，规划机房课桌布局时，尽量避免学生面对显示器背面。

第四，不要将交换机放置在机房内，增大噪声污染。

在日常维护机房时要注意：

其一，保持机房的卫生情况，良好的卫生是健康环境的保障。

其二，定期维护计算机等设备，防止风扇转动带来更多的灰尘和噪声。

其三，经常开窗，保持通风，在角落放置一些净化空气的绿色植物。

（二）建立良好的师生关系

良好的师生关系是建立在师生彼此尊重，平等对话的基础上的。高中信息技术每周两节课，一般两节课是排在一起的，所以，每周师生只会见一次面。教师与学生接触并不多，教师对学生也不够了解。因此，建立良好的师生关系，可以从以下几个方面进行尝试。

第一，教师要做的是让学生感受到自己对他们的关注，可以从记住每位学生的名字开始。

第二，教师要尊重每个学生的发展需求。每个学生的个性不同，学习习惯不同，认知技能的水平不同，其发展需求也不同。

第三，教师要与学生平等对话。在确立学生为课堂主体的同时，教师要做好课堂的主导者；要帮助学生发现、组织和管理知识，引导他们；要用平等的心态看待师生、生生关系；要勇于向学生学习；要平等地对待每一位学生。

（三）钻研教材，重构教学内容

信息技术是一门以技术为基础的学科，因此，如何合理安排教学内容是构建高中信息技术生态课堂的一个重要问题。

(四）优化教学方法，实现以生为本的课堂

教学过程应以学生为主体而展开，教师作为教学的引导者和监督者，把握教学的全过程。优化教学方法是突出学生主体地位的有效措施。

1. 任务驱动，培养学生自主探究的学习能力

信息技术课程是以技术为基础的，实践内容很多，任务驱动是常用的教学方法。设计好的任务至关重要，直接关系到学生的参与热情、教学的效果。一个好的任务主要有以下几个特征：第一，贴近学生生活，能够激发学生学习的兴趣。第二，符合最适度原则。任务的容量、难度不能超越学生能承受的上下限，要处于最适度的状态。第三，任务要具体可评价性，要设计具体的评价量规。

2. 分层教学，满足不同层次学生的学习需求

高中学生信息技术水平参差不齐，学习习惯和学习能力也大不相同。在教学中要满足所有学生的学习需求，让所有学生都有所发展，就要采用分层教学的方法。信息技术课的分层教学的思想主要体现在以下几点：第一，根据不同层次的学生，设计不同层次的任务。在设计基础任务之外，要设计扩展任务满足学有余力的学生的学习需求。第二，让学生选择自己感兴趣的实践素材。在教学实践中，教师可尝试与研究性学习课程相结合。学生在确定研究性学习课题时，都会选择自己感兴趣的主题，这样大大激发了学生学习的热情。利用研究性课题作为学生的练习素材，不仅培养了学生利用信息技术手段分析问题、解决问题的能力，提高了把信息技术作为工具的意识，提升了信息素养，同时也为学生的研究性课程的学习提供了帮助。第三，根据不同层次的学生，给出不同层次的评价标准。评价标准也要有层次性，正面的评价可以保持学生的学习热情。因此，要善于发现每个同学的闪光点，多给予正面的鼓励，促进学生的发展。

3. 分组合作，培养学生的合作意识

在信息技术教学中，经常会设计一些比较大的任务，例如，建立一

个主题网站,设计一节主题班会等。这种情况下,可以进行分组合作学习,既可以让学生在有限的时间内完成任务,也可以培养学生的合作能力。分组合作学习在实施过程中要注意以下几点:第一,根据学生的生态位,科学分组。分组的时候要将生态位差异大的分在一起。第二,指导小组成员科学分工。每个学生的特点不同,要让每个学生都能发挥所长,在组内起到一定的作用,有一定的位置。第三,学习过程中教师要加强监督。第四,在评价小组整体的基础上,加强组内评价。分组合作学习中的组内评价尤为重要,小组成员之间的相互评价是评价学生合作能力的最佳方法。

(五) 生态化的评价,关注学生的可持续发展

根据生态学的原理,评价应从学生发展的角度出发,尊重学生的差异,关注学生的全面可持续发展。

生态化的评价应该让教师、学生都参与到评价中来。教学评价不仅是教师的特权,学生也应该是评价的参与者。教师的评价往往更多地关注学生的认知水平和技能水平,而学生的评价则更多地关注学生学习时的态度、学习的过程,是对教师评价的有效补充。在师生双方的参与下,评价结果才能更加客观、准确。因此,生态化的评价应该是由教师评价、学生自评、学生互评相结合的一个有机的整体,各种评价互为补充,相辅相成。

生态化的评价应关注学生的发展,过程性评价和总结性评价相结合。更要关注学习的过程,在学习过程中学生学习的态度、方法,为学生今后的可持续发展奠定基础。利用电子学习档案袋记录学生的学习过程,便于实施过程性评价。

生态化的评价应多采用激励性的评价。教学评价的目的是促进每个学生的发展。激励性的评价能让学生感受成功的喜悦。教师要善于发现学生的闪光点,多用激励性的语言评价学生。在学生得到一点点进步的时候给予肯定、鼓励,会激发学生继续努力学习的动力,让学生积极主动地学习。

第五章　高中信息技术生态课堂创新教学实践

第三节　高中信息技术生态课堂系统的构建

信息技术生态课堂是指以信息技术的学科发展规律为指导，用教育生态学独特的角度将信息技术课堂当成是由信息技术生态课堂的主体（教师、学生）以及信息技术生态课堂的环境（光线问题、多媒体摆放、学生座位排放）等各种要素所构成的课堂系统，以教师在课堂中的有效教学与学生在课堂中的高效率学习为出发点，形成一种具有教学策略复杂多样性、师生关系和谐性、课堂环境稳定性、教学评价系统性、学生发展连续性的生态课堂模式。在信息技术生态课堂中要把发言权归还给学生本身，培养学生的高阶学习思维；教师要能够发现学生所处的认知水平、对课程情感的变化、对课程兴趣的转变、对学习动机的强弱以及能够发挥出的学习潜力；转变传统课堂中的教师主导地位、让学生成为课堂中的主体，最终使师生能够形成一个学习共同体。让信息技术课堂的环境与师生和谐地相处，让生命活动成为信息技术课堂的本质，让师生感到课堂的生态与和谐。构建信息技术生态课堂系统就是以生态的视角重新看待信息技术课堂中出现的问题，最终找到改善策略。

一、系统的组成要素分析

课堂是由主体要素与客体要素组成的，课堂的主体要素包括教师与学生，课堂的客体要素包括教学环境、教学内容。信息技术课堂也由主体要素与客体要素构成的，在信息技术生态课堂中，课堂主体之间、主体与教学环境、教学内容之间存在着各种各样的关系，它们之间相互作用能够使信息技术课堂变成学习共同体。

信息技术教师以及学生是普通高中信息技术生态课堂系统中的主体部分，教学的环境与教学内容（教材）是普通高中信息技术生态课堂系统中的客体部分，信息技术教师以及学生和教学内容、教学环境之间因为各种因素而相互影响着，最终影响整个信息技术生态课堂系统。

信息技术教师的教学信念、信息技术教师的专业素养、学生的学习行为以及学生对信息技术课程学习的态度是系统中主体的具体要素。

（一）主体要素

信息技术生态课堂系统中的主体要素有教师、学生两种。在信息技术生态课堂系统中，教师的教学行为、教师的教学信念、教师的自我专业素养以及学生对学习课堂的态度都会影响着整个系统的正常运作。

在信息技术生态课堂中，教师既要发挥自己的主导作用，也要重视学生作为主体。在教学过程中，教师要使自己的教态自然、以一种亲切的心态接近学生，拉近与学生的距离感，这样，可以使师生之间的关系变得更加和谐，对师生的成长都有利益。

信息技术课堂教学的发展离不开教师的成长与发展，而且，信息技术还是一种发展特别快的新兴技术，所以，就要求信息技术教师能够不断地完善自己的专业知识，提高自己的专业素养。信息技术教师的个体专业化对于完善信息技术生态课堂系统的构建起到重要的作用。第一，信息技术教师需要敬业、人文以及科学的专业精神，这样才能保证教师的专业价值与功能得到完全的发挥，还能够有利于信息技术教师的个人专业成长；第二，信息技术教师还要具备以信息社会发展为基础，在多元化的、大众化的文化背景下转变传统的教育理念，树立以学生发展为本位的教育理念。以个性化教育、大众化教育和创新人才的培养为目标，以现代化的教育理论、学习理论、系统理论和传播理论为指导，积极探索和践行新的教学模式，利用信息技术手段提高学习效率，发展学生能力，培养学生适应信息社会的信息素养。这样的一种教育理念才能够使课堂变得和谐；第三，信息技术教师要具有一定的专业知识与技能，这样有利于教学内容的开展；第四，信息技术教师还要具备一定的专业能力，比如课程开发能力中的人际合作能力、课程决策能力、课程设计能力、课程组织能力以及教学能力中的教学设计能力、教学实施能力和管理能力中对学生学习的组织管理、对信息技术教与学资源的管理等。

第五章　高中信息技术生态课堂创新教学实践

（二）客体要素

信息技术生态课堂系统中除了要有主体要素的作用之外，还需要有客体要素的作用。系统中的客体要素主要指的是教学环境以及信息技术教材。在信息技术生态课堂系统中，良好的客体要素主要指的是充足的光线、恰当的多媒体课件使用、适当的座位排放以及信息技术教材创造性地使用等。

信息技术生态课堂系统中的教学环境主要包括了传统的信息技术课堂的教学环境以及网络课堂的教学环境。传统的课堂应该注意多媒体仪器的摆放位置、光线问题、墙面的色彩以及教室内座位排放问题等。首先是多媒体仪器的摆放问题，设计摆放位置得当主要是为了教师在上课时能够更好地完成教学内容以及学生可以顺利完成学习内容；在教师运用媒体教学时，一定要保证光线问题；保证运用多媒体时画面的清晰程度，让每个学生可以看清看懂多媒体上呈现出的内容；墙面的色彩最好是暖色调的，这样可以增加学生面对信息技术课程的信心，给人一种和谐的感觉；教室内的座位摆放问题是信息技术课堂教学环境的重点，一般建议7列8排的形式，这样中间的过道可以让出来，当教师走下讲台与学生进行交流时能够照顾到所有的学生；而且在给学生安排座位的时候，尽量注重差异、交叉分配，公平地对待每一位学生。信息技术课程不仅仅是在教室内完成的，多数的时候还需要在多媒体教室进行，多媒体教室的环境就要多注意对机房通风、保持良好的环境、座位的摆放尽量布置成圆桌式的，通常4～5人一个小组，因为在机房的课程一般都会涉及小组分工合作，大家一同努力完成教学内容。其实，这样布置机房的方式主要是为了教学的方便，另外还有助于培养学生的团体协助能力。

在生态的信息技术课堂系统中客体要素除了要有和谐的环境之外，还要有对教学内容的正确理解，正确地理解主要体现在教学过程中，信息技术教师对教材的创造性使用，不仅要传递给学生一定的知识量，还要挖掘出知识背后隐藏的信息文化，这样才能真正地提高学生信息素养。

二、系统中的主体间交互

在良好的信息技术生态课堂系统中，一定要有适量的互动，这种互动指的就是主体之间的交互，信息技术课堂系统中的主体间交互不仅有教师与学生们之间的交流沟通、还要有教师与学生个体之间的个别指导，还要有学生与学生之间的小组合作；在主体间交互的过程中，教师与学生之间的交流几乎贯穿整个教学活动中，教师应该尽量鼓励学生多说，把握好整个教学过程中的和谐气氛；除了教师与学生之间的互动之外，整个教学活动中也要有学生之间的小组合作，小组合作不仅要有组内的互助还要有组间的互助，可以采取不同形式的分组，注重培养学生的合作交往能力，这样才能使课堂变得更加和谐。

三、系统中的主客体间交互

在生态的信息技术课堂系统中不仅要有主体之间（教师与学生、学生与学生）的交互，主体与客体之间（教师与教学环境及教材、学生与教学环境及教材）也要有适当的交互。信息技术教师在教学的过程中，要随时能够观察到教学环境的变化，及时调整教学的课程策略，只有这样才能保证整个信息技术生态课堂系统有条不紊地运作下去。

四、系统的重新构建

通过前面对信息技术生态课堂系统内涵的界定，可以知道信息技术生态课堂系统中主要有信息技术生态课堂的主体（主要指信息技术课堂中的教师与学生）、信息技术课堂的客体（主要指信息技术课堂中的教学环境及教材）。信息技术课堂中的主客体要素大致包括：教师教学过程中教学行为、教学的信念、教师的专业知识、师生互动情况、学生在课堂中的学习行为、学生对课程的态度、传统课堂中的光线、多媒体位置的摆放、墙面的色彩、教室座位的排放、网络教室的通风情况、网络

第五章　高中信息技术生态课堂创新教学实践

教室的机器摆放以及课堂中多样的评价手段等，对生态的信息技术课堂系统进行分析，从中可以看出教师在课堂中的教学策略、教学信念、专业知识以及对教材创造性地使用等对在课堂中的师生之间进行互动、提高学生听课的积极程度、教学内容的传递以及信息文化的传递都有重要的影响；学生在课堂中积极的学习态度、正确的学习行为可以提高教师教学的积极性以及学生对教学内容的理解与内化；信息技术课堂中明亮的光线、多媒体设备在课堂中的正确摆放位置以及暖色调的墙面都有利于良好的教学环境的构建；课堂内合理的座位排放有利于师生共同讨论；课堂中多样的评价手段有利于对课堂教学的反馈，这些良好的因素一起作用才能构建出自然状态下的生态信息技术课堂系统。

参考文献

[1]谢婷婷.叩启现代教育之门:高中信息技术智慧课堂构建策略[M].长春:东北师范大学出版社,2021.

[2]符柏根.高中信息技术学能攀升[M].宁波:宁波出版社,2020.

[3]施红,张仕进.高中信息技术研究性学习[M].上海:华东师范大学出版社,2020.

[4]钟赣萍,胡蓉.信息技术与高中教学融合研究及应用[M].延吉:延边大学出版社,2020.

[5]孔宁.高中信息技术教学理论及实践研究[M].北京:应急管理出版社,2019.

[6]梁明.高中信息技术教育教学探究[M].长春:东北师范大学出版社,2018.

[7]刘维胜,姜海.信息技术[M].重庆:重庆大学出版社,2018.

[8]杨波.信息技术教学与创新[M].广州:广东人民出版社,2018.

[9]牟宝.高中信息技术学业水平测试[M].济南:山东教育出版社,2017.

[10]郭燕.高中信息技术教学策略[J].现代农村科技,2022(1):100.

[11]帅慧琳.高中信息技术教学思路探讨[J].爱情婚姻家庭,2022(32):123-124.

[12]石磊.高中信息技术教学中微课的应用[J].读与写,2022(30):159-161.

[13]胡振东.高中信息技术有效教学的策略探究[J].生活教育,2022(29):37-39.

[14]马林元.高中信息技术有效教学的策略探究[J].学周刊,2022(29):48-50.

[15]高爱华.高中信息技术学科核心素养培养[J].文理导航,2022(28):55-57.

[16]卢蒙蒙.基于PBL的高中信息技术教学研究[J].新智慧,2022(28):25-27.

[17]丛丽萍.新课改高中信息技术教学途径[J].前卫,2022(12):85-87.

[18]徐晟.高中信息技术课程核心素养的培养[J].学园,2021(33):69-71.

[19]吴云峰.让课堂充满活力——高中信息技术多样化教学策略[J].新教育时代电子杂志(学生版),2022(22):136-138.

[20]黎钧毅.高中信息技术课堂教学方法研究[J].家庭,2021(27):128-129.

[21]马宗科.高中信息技术课堂导入探析[J].百科论坛电子杂志,2021(24):5451.

[22]杜颂佳.普通高中信息技术课程改革探讨[J].华夏教师,2021(24):81-82.

[23]胡燕."互联网+"下的高中信息技术教学探索[J].文学少年,2021(21):206.

[24]文苹.高中信息技术教学情境的科学创设[J].孩子,2021(20):191-193.

[25]夏道洋.高中信息技术项目式教学探索[J].贵州教育,2021(20):26-27.

[26]梁静.浅谈高中信息技术教学[J].教育实践与研究,2020(26):57-58.

[27]卢维洲.高中信息技术教学初探[J].读与写,2020(16):164.

[28]刘阳娟.高中信息技术教学策略[J].散文选刊(中旬刊),2020(9):79.

[29]尹学权.高中信息技术有效教学实践与思考[J].新课程导学,2020(A1):74-75.

[30]杨凯东.构建高中信息技术高效课堂的策略[J].中国教师,2020(A2):119.

[31]项红丽.新课改下的高中信息技术教学模式[J].新课程,2020(46):121.

[32]许雪康.高中信息技术生态课堂教学模式的行动研究[J].考试与评价,2021(1):63.